4·16구술증언록 단원고 2학년 7반 제2권

그날을 말하다

재강 엄마 양옥자

4·16구술증언록 단원고 2학년 7반 제2권

그날을 말하다

재강 엄마 양옥자

4·16기억저장소 기획 편집
(사) 4·16세월호참사가족협의회 지원 협조

한울

일러두기

1. 음절로 식별 가능한 소리를 들리는 대로 전사하는 것을 원칙으로 한다.

2. 의미를 파악하기 위해 추가 설명이 필요할 경우 [ ]로 표시한다.

3. 몸짓, 어조 등 비언어적 행위는 ( )로 표시한다.

4. 구술자가 말을 잇지 못해 말줄임표를 사용하는 경우 ……, …로 길고 짧음을 표시한다.

5. 비공개 영역은 〈비공개〉로 표시한다.

6. 비공개해야 하는 희생자 형제자매의 이름은 ○○, △△ 등의 도형기호로, 생존자의 이름은 A, B, C 등 알파
   벳 대문자로 표시한다.

7. 비공개해야 하는 제3자는 직분이나 소속, 성만 공개하고, 이름은 ××로 표시한다. 비공개해야 하는 숫자는
   자릿수에 상관없이 □로 표시하며, 지명은 □□로 표시한다.

　4·16기억저장소에서는 세월호 참사 5주기를 맞아 구술증언 수집 사업의 결과물 일부를 100권의 책으로 발간하게 되었습니다. 이 사업은 2015년 6월부터 다양한 학문 분야 구술 연구자들의 자발적인 참여로 진행되어 왔으며, 세월호 참사를 좀 더 정확하고 다각적으로 기록하고 기억하고자 하는 노력의 일환으로 수행되었습니다.

　2014년 참사 발생 이후, 참사 피해자들의 목격담과 경험은 안타깝게도 공식적인 국가기관과 언론의 기록 속에서 철저히 소외되거나 왜곡되었습니다. 그것은 세월호 참사가 우리에게 안긴 죽음과 고통의 충격만큼이나 우리 사회의 끔찍한 비극이었습니다. 따라서 사업을 진행하면서 세월호 참사 희생자 가족, 생존자, 생존자 가족, 어민, 잠수사, 활동가, 기자 등등, 참사의 초기 과정을 직접 경험한 분들의 증언을 우선적으로 수집했습니다. 구술자는 이 사업의 취

지와 방식에 개인적으로 동의한 분 중에서 선정했으며, 참여 과정에 어떠한 금전적 보상이나 이익이 제공되지 않았습니다. 또한 구술증언 수집 사업을 진행하는 동안, 면담자는 연구자이자 참사를 겪은 공동체 시민으로서 최대한 윤리적이고자 노력했습니다.

　구술자마다 매회 약 2시간씩 3회를 원칙으로 음성 녹취와 영상 촬영을 하는 방식으로 진행되었고, 증언의 일관성을 확보하기 위해 면담자는 큰 틀에서 공통 질문지를 사용했습니다. 공통 질문지의 내용은 참사와 구술자 간의 관계성에 따라 차이가 있지만, 유가족 구술의 경우 1회차 '참사 이전의 삶, 팽목항과 진도에서의 경험, 자녀에 대한 기억'을, 2회차 '참사 이후 투쟁과 공동체 활동 경험'을, 3회차 '참사 이후 개인 및 가족이 경험한 삶의 변화와 깨달음, 자녀의 현재적 의미'를 중심으로 했습니다. 이처럼 증언 내용은 참사 이전에서 시작해 참사 발생 당시의 경험과 이후의 변화 과정까지 폭넓게 수집했고, 면담자는 구술 채록 과정에서 구술자의 발화를 최대한 존중하고자 했으며, 무엇보다 각자의 특수한 경험과 다른 시각을 충실히 반영하고자 했습니다.

　이 구술증언록의 발간을 위해, 채록된 음성 자료는 문서로 변환해 구술자와 함께 검토했고, 현재 시점에서 공개할 수 있는 영역과 할 수 없는 영역으로 구별했습니다. 따라서 책에 실린 내용은 모두 구술자로부터 공개를 허락받은 부분입니다. 비공개 영역은 추후 구술자의 동의를 받아 적절한 절차를 거쳐 추가로 공개될 수 있으리라 생각합니다.

이 구술증언록 100권에는 그동안 우리 사회에 왜곡되어 알려지거나 잘 알려지지 않았던, 참사 발생 직후 팽목항과 진도 혹은 바다에서의 초기 상황에 관한 중요한 증언이 포함되어 있습니다. 또한, 자녀를 잃는 잔인하고 애통한 상황을 겪으면서도 그 누구보다 강인한 정치적 주체로 성장할 수밖에 없었던 유가족의 마음과 경험을 구체적으로, 그리고 여러 각도에서 살펴볼 수 있습니다. 그 외에도, 이 구술증언록은 2014년을 전후한 한국 사회의 여러 측면을 드러내는 귀중한 자료가 되리라고 생각합니다. 무엇보다 국내외의 많은 분이 이 책을 읽어, 장차 세월호 참사의 진상 규명과 역사 서술에 기여할 수 있기를 바랍니다.

구술증언 수집 사업이 진행되고, 책으로 출간되기까지 많은 분의 도움과 지지가 있었습니다. 이 지면을 빌려 부족하나마 감사의 말씀을 전하고자 합니다.

먼저 (사)4·16세월호참사가족협의회와 4·16기억저장소에 감사를 드립니다. 이분들의 신뢰와 적극적인 협조가 없었다면, 이 사업은 처음부터 시작할 수조차 없었을 것입니다. 또한 어려운 정치 환경 속에서도 사업의 취지에 공감해 재정 지원을 결정해 준 아름다운가게와 역사문제연구소에 감사드립니다. 두 단체 덕분에, 이 사업을 4년 동안 계속해 올 수 있었습니다. 그리고 구술증언록 100권의 발간에 동의하고, 바쁜 일정에도 출판 실무를 기꺼이 맡아주신 한울엠플러스(주)에도 감사를 드립니다. 이 외에도 많은 개인과 단체가 직간접적으로 많은 도움을 주시고 격려해 주셨습니다. 여기에 모두 밝히지 못하는 것을 죄송하게 생각합니다.

　말할 필요도 없이, 가장 크고 또 가슴 아픈 감사는 구술자 한 분 한 분께 드리고자 합니다. 이 책이 발간될 수 있었던 것은, 무엇보다 용기를 내어 아픔과 고통의 기억을 다시 떠올리고 장시간 진심으로 이야기를 해주신 구술자가 있었기 때문입니다. 오랜 시간 이야기를 나누며 함께 공감하기도 했지만, 그 아픔과 고통을 어떻게 가늠할 수 있을까 싶습니다. 더 큰 도움이 되지 못함을 안타까워하며, 이 구술증언록 100권의 발간이 피해자분들에게 조금이라도 위로가 될 수 있기를 기원합니다.

2019년 4월

4·16기억저장소 구술팀 책임자

서울대학교 인류학과 교수 이현정

차례

■ 3회차 ■

재강 엄마 양옥자

구술자 양옥자는 단원고 2학년 7반 고 허재강의 엄마다. 종가에서 두 남매의 첫째로 태어
난 재강이는 집안 어른들로부터 많은 사랑을 받았다. 뭐든 스스로 하고 동물 사랑이 남달
랐던 재강이는 동생과 엄마와 함께 유럽 여행을 가기로 해놓고 돌아오지 못했다. 마음 곱
고 명랑하기로 소문난 엄마는 참사 직후부터 진도대교, 국회, 광화문, 서명운동, 도보 행진
등 세월호 투쟁 현장에 항상 함께했고, 지금도 4·16기억저장소 가족운영위원으로서 세월
호 참사와 하늘로 간 아이들을 이 사회가 잊지 않도록 하기 위해 활동하고 있다.

양옥자의 구술 면담은 2015년 12월 18일, 24일, 그리고 2016년 1월 6일, 3회에 걸쳐 총 4시
간 45분 동안 진행되었다. 면담자는 김아람, 촬영자는 김향수·김아람이었다.

구술자 본인의 프라이버시나 제3자의 프라이버시를 보호해야 할 부분을 제외하고는 구술
자의 발화를 있는 그대로 전사했다.

1회차

2015년 12월 18일

1
시작 인사말

면담자　　　본 구술증언은 4·16 사건에 대한 참여자들의 경험과 기억을 기록으로 남김으로써 이후 진상 규명 및 역사 기술에 기여하고자 합니다. 지금부터 양옥자 씨의 증언을 시작하겠습니다. 오늘은 2015년 12월 18일이며, 장소는 안산시 단원구 글로벌다문화센터입니다. 면담자는 김아람이며, 촬영자는 김향수입니다. 긴장되시죠, 어머님? 안 그러셔도 돼요(웃음).

재강 엄마　　　그러네요.

면담자　　　인터뷰를 좀 해보신 경험이 있으세요? 최근에 수능 전에 학교에서 인터뷰하셨던 것 봤어요.

재강 엄마　　　아, 저기 고발?

면담자　　　네, 맞아요, 고발뉴스.

재강 엄마　　　고발(웃음). 그때 우리 앨범 때문에 왔었어요, 졸업앨범. 얘기하고 나면 나중에 내가 뭔 얘기를 했는지 횡설수설할 때도 많아요, 내가 얘기한 걸. 그러니까 잘 알아서 하세요(웃음).

면담자　　　그때 말씀 잘하셔서(웃음), 어머니 뵙기 전에 그 인터뷰 먼저 보고 오니까 친근감이 들어요.

2
종가에서의 출산과 집안의 아이 사랑

면담자　　오늘은 어머니 살아오셨던 기억, 재강이 낳고 키우신 그 과정부터 말씀 듣겠습니다.

재강 엄마　　저 같은 경우는 재강이가 첫애인데 재강이 앞에 한 번 유산했었어요. 그러고 나서 재강이를 조금 있다가 가져갖고 제가 서른에 재강이를 낳았어요. 첫애가 서른, 재강이를 서른에 낳았고, 재강이 아빠는 31살. 시댁에서 재강이가 맏이니까 아주 대종가는 아니지만 종갓집 종손이에요. 종손이라서 어른들도 저희들이 결혼해 가지고 첫아이 낳았을 때 되게 많이 기대를 하셨던 부분이고⋯. 재강이를 제가 오후 3시 이후에 낳았거든요. 그런데 병원에 갈 때 어머니한테 재강이 아빠가 전화를 했거든요, 병원 간다고. 그러니까 우리 어머님 바로 당장 그날 올라오셨어요, 손주 낳는다고. 재강이 낳는 그 자체가 시댁 쪽에서는 다 그날의 행사죠. 고모도 부천에서 병원으로 바로 오고 막내 시동생도 형수가 애기 낳으러 간다니까 다 그냥 병원으로 왔었거든요, 서방님은 또 엄마 역에 가서 모시고 오고. 그렇게 재강이가 축복받으면서 태어났죠, 시댁에서 첫아이, 첫손주니까. 아버님도 되게 좋아하시고, 손자니까 또. 재강이 같은 경우는 백일잔치 같은 경우도 우리 집에서 한 번 하고 또 시댁에 가서 시어머니가 한 번 따로 해주시고, 이렇게 했어요. 그때 시댁에 할 땐 어머니가 다 하시는 걸로.

　　제가 첫애, 재강이 가졌을 때도 재강이 아빠가 다리를 다쳐가지

재강 엄마 양옥자

고 한 달 동안 병원에 있었어요. 우리 시댁에서는 어머님이랑 아버님이 아들한테 올라오려고 하는데 우리 막내 시동생이 못 올라오게 했어요. 형수 배불러 갖고 있는데 엄마 올라오면 형수 힘들다고 엄마 오지 말라고, 아버지랑. 그래 갖고 그냥 저 맛있는 거 사 먹으라고 용돈만 보내셨더라고. 어머님이랑 아버님은 만날 그래, 네 먹고 싶은 거 그냥 자기 아들, 당신 아들 바라보지 말고 네가 사다 먹으라고. 그러면서 용돈 주서갖고 출산 준비물도 어머니가 사라고 돈을 주셨었거든요. 애기 낳았을 때도 어머니가 병원비를 내시려고 했는데 우리가 병원비를 냈으니까 나중에 어머니가 또 몸조리하라고 약을 해주시더라고, 시어머니가.

그러고 나서 재강이 한 한 달 있다가 시댁에 데리고 갔어요. 재강이가 6월 18일에 태어났는데 7월 말 휴가 때 아빠랑 시댁에 데리고 갔어요. 아버님이 한 번도 안 보서가지고, 어머니만 올라오셔서 보서갖고. 왜 시골 노인네들은 일을 하시니까 못 올라오시잖아요, [그래서] 아버님 보여드리기 위해서 휴가를 [받아] 데리고 내려갔었고. 저희 시아버님이 당신 자식들도 한 번도 업어보지 않았는데, 재강이 같은 경우는 추석 때 우리가 시골에 갔을 때 제가 어머니하고 차례 준비를 해야 하니까, 아버님이 재강이 기저귀 하나 들고, 제가 모유 수유가 다 안 돼서 재강이 4개월 때까지 우유랑 반반씩 했었거든요, 아버님이 우유 한 통 들고 재강이 업고 다른 집에 데리고 하루 종일 계셨었어요, 데리고 놀고.

재강이 돌잔치도 저 같은 경우는 다 집에서 해줬었거든요, 친구들이랑. 아빠 친구들, 제 친구들 다 와서, 집에서 어른들도 오셨고.

우리가 처음에는 재강이 낳을 때 안산에서 살다가 재강이 낳고 6개월 있다가 마석으로, 남양주로 이사를 갔었어요. 남양주에서 살았었으니까, 집이 거기가 아파트니까 재강이가 그냥 놀기는 좋았어요. 집이 넓으니까 그냥 편하게 크고. 우리가 재강이랑 거기 2년 살았는데, 재강이 동생하고 재강이하고 22개월 차이거든요. 재강이 동생 낳고 우리가 다시 시화로 내려왔을 거예요 아마, 아빠 직장 때문에. 거기서 동생하고 22개월 차이니까 얼마나 힘들어요, 애가. 지도 한창 엄마한테 업혀 다녀야 될 나이인데, 동생이 태어났는데 내가 어디 갈 때 이렇게 동생하고 병원을 가야 되잖아요, 그러면 재강이가 나도 업어달라고, 안아달라고…. 남양주에서는 병원이 좀 멀었어요, 집하고. 동생은 업고 재강이는 유모차에 태워갖고 병원을 데리고 다녔거든요. 재강이가 또 기관지가 안 좋아 가지고 병원에 좀 많이 다녔어요, 동생 업고 다니며.

재강이는 되게 좀 순한, 남자인데도 순한 편이에요, 그렇게 와일드하지도 않고. 우리 재강이 있을 때 차가 그 뭐지 옛날에 12인승, 그레이스 12인승이었어요. 그 차 타고 시골 같은 데 갈 때 애가 지겨우니까, 제가 음치에 박치거든요, 그런데 재강이랑 항상 셋이 가면 제가 노래를 많이 불러줘요. 그럼 걔가 되게 그런 거 좋아해요, 듣고 가만히…, 짜증 안 내고 오래 장시간을 이렇게 가고. 동생 낳았을 때도 되게 동생을 또 애기라고 예뻐하더라고요. 지 3살이고 이렇잖아요, 째깐한데 근데도 동생 안아주겠다고 막 안고. 그냥 재강이 같은 경우는 동생을 많이 챙겼어요, 제가 이제 많이 챙기라고 했고. "여자 애니까 네가 챙겨야지" [하면 재강이가] 동생을 잘 챙기고 [했어요].

우리는 시골에 되게 자주 가요, 어머님 댁에. 처음에는 재강이 낳아가지고 혼자 재강이랑 어머님 집에 가면 아버님, 어머님이 만날 저 데리러 나오시거든요, 애 데리고 온다고. 데리러 나와가지고 재강이 보고 어른들은 또 재강이 먹을 거 사가지고 들어가시고…, 이렇게 재강이가 혼자, 동생 낳기 전까지는, 동생을 낳아도 동생이 또 여동생이잖아요, 그러니까 또 어쨌든 시골에서는 첫 손주니까 많이 예뻐하죠. 재강이 6살 땐가 7살 땐가 제가 애들 클 때 안산으로 이사 오기 전부터 애들 데리고 어디 혼자 이렇게 박물관 같은 데를 좀 데리고 다니다가 어느 날부터인가 제가 안 데리고 다녔어요, 힘들어가지고, 애 둘이라(웃음). 그런데 안산에 와서도 화랑유원지 이런 데도 애들 데리고 가고…, 화랑유원지 갈 때 연을 사가지고 가서 날렸거든요, 겨울에.

시골 갈 때, 우리 시댁이 제사가 시할아버지 제사가 구정 3일 전에 있어요. 그래서 재강이랑 나랑 재강이 동생이랑 셋이 먼저 가요, 아빠보다. 버스 타고 셋이 먼저 가 있어요. 그럼 이제 재강이가 시골 갈 때 그 연을 가져가요, 가서 놀 게 없으니까 그 연을 가져가 갖고 할아버지랑 연을 날리러 밭에서. 시골집이 산 밑에 있어요. 집 뒤에 바로 밭이 있어요. 할아버지랑 재강이랑 연 날리러 가가지고 할아버지가 그냥 연을 날리다가 연을 띄워버린 거야, 재강이 연을. 할아버지가 재강이 울까 봐 오토바이 타고 그 연 날아가는 방향으로 막 잡으러 갔었어요, 연 찾아온다고. 찾으러 갔는데 찾을 수가 없잖아요, 그 연을. 그러니까 아버님이 들어오시면서 돈을 만 원을 파뜩 재강이 손에 쥐어주는 거야, 할아버지가 띄웠다고, 빨리 느그 집에 가서 사라고(웃음). 그러면서 아버님이 미안하다고 그거, 쥐불놀이하는 거 만들어갖고 밤에 할아버지랑 쥐불놀이하고….

그 막내 작은아빠 같은 경우는 또 그때 팬시 쪽에 일을 했었어요, 그래 갖고 애들 막 불꽃놀이도 해주고. 또 우리 막내 동서가 결혼하기 전에 서방님하고 이제 이렇게 [연애]할 때 우리 집에 와서 재강이 데리고 가서 한 3살, 4살 때였는데 하루 저녁 데리고 자고, 동서가 데리고 놀다가 데리고 오고 [했어요]. 그런데 또 따라가요 작은엄마인데, 작은엄마한테 따라가서 자고 오고…. 재강이가 성격이 좀 붙임성이 좋은 편이에요. 내가 재강이 동생 낳아가지고 몸조리를 우리 오빠 집에 가서 했거든요. 올케 집에 가서 했는데, 그 시어머니가 올라오셨는데 어머니 또 가셔야 할 것 같고 해서, 오빠 집에 집으로 갔는데, 어머니가 이제 몸조리하라고 재강이를 데리고 가신다고….

재강이가 작은아빠가 둘이에요. 막내 작은아빠 말고 작은아빠 [를] 집에 어머니가 [데리고 있었어요], 그때는 시동생이 결혼하기 전이지. 우리 애들 다 낳고 나서 시동생이 결혼했거든요. 어머니가 그래도 아들 집에 오셨어요. 한 3일 계시다가 재강이 데리고 시골 가는데, ○○이가 병원에 입원을 했어요. 인큐베이터에 들어갔어요, 몸이 안 좋아서. 그러고 나서 내가 막 계속 재강이 때문에, 재강이 보고 싶다고 울었거든. 그런데 ○○이를 낳았는데, 이 동생을 봐야 하는데 또 재강이 때문에 제가 막 또 계속 우니까 이제 올케가 오빠랑 안 되겠다고, 올케가 그냥 자기가 힘들어도 재강이도 보고 내도 몸조리시켜 주겠다고, 재강이 데리고 오라고 [하더라고요]. 22개월이니까 올케가 데리고 있기 힘들잖아요. 그래서 어머니가 데리고 가신 건데, 어머니가 결국은 시골을 못 데리고 가시고 재강이를 다시 저한테 보내고 내려가셨었어요. 딱 그랬는데 재강이 동생이 입원을 했으니까, 올케가 애기 보는 것보다 재강이 보는 게 더 힘들었다고 [하더라고요]. 재강이 같은 경우는 막 외삼촌 저녁에 퇴근하고 오면 아빠라고 좋다고 안기고, 밥 먹을 때도 우리 오빠가 오죽했으면 "느그는 교육을 어떻게 시켜놨길래 자기 엄마, 아빠한테 안 오고 다른 사람한테 와서 밥을 먹고 하냐"고 [할 정도였어요].

그렇게 크다가 초등학교…, 유치원 다니고 또 초등학교 입학했을 때 제가 이제 늦게 낳았으니까 제가 학교를 열심히 쫓아다니는 엄마가 됐죠(웃음), 1학년 때부터 학교에(웃음). 재강이 학교는 뭐 열심히 다녔는데 재강이 동생은 안 다녔어요(웃음), 재강이만 열심히 해주고. 재강이네 학교가 작아요. 그래서 1학년 때 다섯 반이야. 다섯 반이니까 각 반의 엄마들 두 명씩 대표로 하잖아요. 그래 갖고 우리 그 모임을 했었어요, 10명이서. 다섯 반이니까 엄마 10명이서 그때부터 모임을 해가지고 중간에 일부는 이사 가고 이러니까 빠지고, 다섯 명이서 계속 모임을 했었거든.

3
안산 정착 과정, 결혼 후 출산과 육아

면담자   초등학교를 시화에서 다녔던 거예요?

재강 엄마   아뇨, 초등학교는 안산으로 갔었어요. 유치원, 재강이

6살 때 일로 왔어요, 안산으로. 6살 때 왔으니까 유치원은 세계유치원 다녔거든. 지금은 숲새[새라숲유치원]로 바뀌었더라고. 유치원부터 여기서 다녔어요, 재강이가. 시화에서는 미술학원 다녔는데 여기 와서는 유치원 다니고 초등학교 입학하고 그 엄마들 모임 해가지고, 사고 나기 전까지 계속 모임을 했었거든요. 재강이 작년에 그러고 나서는 제가 그 모임을 안 나가요. 안 나갔거든요. 초등학교 다닐 때도 뭐, 재강이 같은 경우는 율동도 잘하고, 그냥 학교서 좀 개구진 편이죠. 개구지고 뭐 이러니까 학교생활도 그냥 잘하는 편이에요. 초등학교도 잘 다니고….

면담자   어머니 사투리 쓰시는 거 보니까 고향이 남쪽이신 것 같은데 결혼하셔서 올라오신 거세요?

재강 엄마   아니에요. 직장생활을 여기서 했었어요. 근데 이 경상도 사투리는 바뀌기가 힘들어요, 잘 안 바뀌어요. 경상도 발음은, 재강이가 나한테 그것도 해줬어요, 발음 교정하라고, 따라 해보라고 이렇게. 우리가 발음이 잘 안되니까 "엄마 따라 해봐, 따라 해봐" [하면서 교정도 해줬어요], 초등학교 때(웃음).

면담자   그럼 안산에서 직장생활 하셨던 거예요? 아까 재강이 안산에서 낳으셨다고….

재강 엄마   아니요, 아빠 직장 때문에 일로 왔죠. 서울에 있었어요, 서울 송파 마천동. 마천동 살다가 결혼하면서 일로 와서, 얘네 아빠랑 결혼해서 여기 온 거죠. 그러니까 안산 갔다가 시화에서 2년 살다가 일로 온 거예요. 재강이 6살 때 일로 와서….

24

재강 엄마 양옥자

면담자   재강이 태어난 동네랑 다시 이사 오셨던 동네가 같은 곳이었어요?

재강 엄마   네, 네. 선부동에서 살다가 선부동으로 왔어요. 그런데 재강이는 [태어난] 병원이 서울이에요. 여기가 아니에요.

면담자   아, 재강이가 태어나기는 서울에서 태어났어요?

재강 엄마   재강이하고 재강이 동생은 태어나기는 서울에서 태어났어요.

면담자   그거는 왜… 그렇게 됐을까요?

재강 엄마   제가 마천동 살았잖아요. 언니 집이 마천동이에요. 그래서 병원을 글로 다닌 거예요.

면담자   그럼 안산에서 송파까지 병원을 계속 다니셨어요?

재강 엄마   네. 그런데 원장 선생님이 나중에는 막달 돼서는 자주 오라 소리는 안 했어요, 한 번 오기가 힘드니까. 아침에 가가지고 있으면 저녁에 애 아빠가 태우러 오든지 아니면 주말 또 맞춰서 가면 애 아빠랑 같이 거기서 자고 이렇게 내려오든지 이렇게 했으니까, 언니 집에서.

면담자   어머니 그런데 결혼을 늦게 하신 거예요?

재강 엄마   네. 결혼이 늦었어요, 우리가….

면담자   아버님 어떻게 만나게 되셨는지 여쭤봐도 돼요?

재강 엄마   아, 회사에서 만났어요. (면담자 : 같은 회사 다니셨어요?) 그 회사가 하남시에 있었으니까…. 얘네 아빠랑 형부랑 같은 업종이에요, 일하는 게. 형부 친구 회사에서 이렇게 사무실에 다니고 있는데, 얘네 아빠가 어느 날 현장에 와서 일했는데, 이 남자하고 결혼하려고 한 게 아니고(웃음), 어떻게 어떻게 하다가 이 남자하고 결혼했어요.

면담자   따로 소개를 해주시거나 그런 건 아니었구요?

재강 엄마   아, 그런 건 아니었어요, 아는 회사에서 같이 일했었으니까…. 몇 개월? 1년 정도 같이 일했나? 네, 그랬으니까, 서로가 다 서로를 보고…. 거기는 회사가 규모가 큰 게 아니에요. 규모가 작기 때문에 다 같이 이렇게…. 그리고 제가 송파에서, 마천동에서 하남시로 출근하려면 바로 가는 버스가 없어서 제가 환승을 했었어요. 갈아타고 다녔는데 얘네 아빠가 성남 살면서 나를 태우고 다녔어요. 태워다 주고, 태우러 오고(웃음) 그랬었어요, 애 아빠가. 같이 다닐 때, 그러다가 이제….

면담자   그래서 빨리 친해질 수가 있었겠네요?

재강 엄마   좀 그런 것도 있었죠, 퇴근하다가 이렇게 같이 밥도 먹고 뭐 이러니까. 여하튼 출퇴근이 문제긴 문제죠(웃음), 그 출퇴근이, 같이 다니는 게. 그러다가 어떻게 하다가 결혼했어요, 그냥.

면담자   결혼하시고 어머님은 바로 직장 그만두신 거예요? 아니면 계속 다니신 거예요?

재강 엄마   아뇨. 결혼하면서 그만두고 집에 있다가 안산에 와갖고 있었는데 제가 집에 있기 무료해서 일을 하려고, 직장생활을 하려고 시화에 다녔어요. 다녔는데 그러다가 제가 아까 유산했다고 했잖아요? 그래저래 해서 그냥 또 못 다녔어요. 그 사무실에 딱 들어갔는데 또 임신을 한 거야. 그래서 이제 그냥 다닐 수 있으니까 다니려고 했는데 유산을 해가지고…, 그러고 일을 안 다녔어요. 애 낳고 그러다 보니까 재강이 키우고 동생을 키우고….

면담자　　　재강이 가지실 때까지 시간이 오래 걸렸나요? 재강이 많이 기다리셨어요?

재강 엄마　　　아뇨. 많이 안 기다렸어요, 한 6개월 있다가 가졌으니까. 애를 늦게 가진 게 아니고 제가 늦게 결혼을 해서(웃음) 애가 늦은 거예요. 그러고 나서 재강이 고등학교 보내니까 돈이 많이 들어가더라고요. 재강이 동생 중학교 들어가니까 둘이 등록금 같은 건 안 내도 학원비가 있잖아요. 돈이 많이 들어가서 재강이 고등학교 1학년 될 때 제가 이제 일을 좀 해보자 해갖고 시간제로 일을 한 몇 개월 다녔어요. 한 3개월인가? 4개월 다녔어요. 파트타임으로 짧은 시간 했는데, 하다가 우리 아버지가 또 돌아가셔서 가지고 그만뒀어요. 우리 아버지가 6월 달에 돌아가셨으니까, 또 여름에 더워서 일 못 하잖아요. 그래서 또 쉬었다가, 가을에 일을 하다가 재강이 사고 나고 그만뒀죠.

4
재강이의 식성과 병치레

면담자   어디 나가셨어요?

재강 엄마   큰 식당에서 반나절 5시간 하고…. 제가 일을 긴 시간을 못 해요, 애들 학교 갔다 오면 간식도 줘야 되고 밥도 저녁에 또 학원 가기 전에 챙겨줘야 되니까. 애 아빠가 재강이 고등학교 들어가기 전까진 제가 어디 일하러 간다고 하면 못 하게 한 거야, 학교 갔다 오면 애들 어떻게 하냐고, 밥이랑. 그런 거 때문에, 이제 애들 때문에 일 안 했던 [거예요]. 고등학교 갔으니까, 한 5시간 이렇게 일하니까 아무 소리 안 하더라고. 5시간 나갔다 오는 거는 자기한테 아무런 민폐가 안 가지. 내가 그 시간에 와서 애들…, 학교 갔다 오고 나하고 같은 시간에 들어오니까 간식 주고 그리고 저녁에 해서 밥 먹이고 이렇게 하니까, 그러니까 일 다니는 거 말 안 하더라고(웃음).

그리고 재강이 같은 경우는 뭐 나보고 어디 일하러 다니란 소리 같은 건 안 했어요. 근데 고등학교 다닐 때 내가 일 갔을 때 5시간 하고 와도 되게 피곤해요, 힘들어. 그래서 재강이 야자하고 오잖아요, 그럼 10시 반 정도에 들어와요. 학교서 10시 반 정도에 들어오는데, 그때 자고 있어요. 자고 있으면 재강이가 들어오면 "엄마 간식 줄게. 뭐 먹을까?" 그러면 집에 사다 놓고 이런 거 있으니까 그냥 "엄마 그대로 자. 내가 알아서 챙겨 먹고 잘게", 그럼 이제 자기가 찾아 먹고. 어떤 때는 내가 챙겨주기도 하고, 피곤할 때는 자고, 안 피곤할 때는 내가 기다렸다가 챙겨주고, 저녁에 야자하고 왔을 때.

재강 엄마 양옥자

그런데 저 같은 경우는 막 밤에는 밥 종류 같은 건 잘 안 줘요. 라면이나 이런 거 잘 안 줘요. 속이 너무 저기 하면 안 좋다고 좀 부드러운 종류로 먹이고 그랬거든요. 그리고 아침, 또 우리 애들은 밥 다 먹고 다니는 애들이라서 아침을 꼭 먹고 가요. 재강이가 밥을 잘 안 먹었어요. 밥 먹는 게 애기 때부터 밥을 잘 안 먹어서 내가 내내 따라다니면서 좀 먹이는 그랬었는데, 초등학교 입학해 가지고도 아침에 학교 가야 되는데도 밥을 하루 종일 씹고 있는, 입 안에 머물러 있는…. 그래 가지고 제가 얼마나 못되게 했냐 하면 아침을 굶겨서 학교를 보낸 적도 있었어요. 그런데도 개는 이게 잘 안 고쳐지더라고.

면담자　　　그래도 점심을 잘 안 먹었어요?

재강 엄마　　밥을 빨리 안 먹어요. 그러니까 입에 물고 있는 스타일이었어요. 나중에는 내가 포기했어요. 양이, 식사량이 안 커, 뱃고리[뱃구레, 배 속]가. 식당에 어디 가잖아요, 밖에 나가서 식당에 가서는 밥을 한 공기 거의 먹기는 하는데…. 집에서는 우리 애들이 간식을 많이 먹어요. 주식보다는 군것질 이런 걸 많이 해요. 그래서 집에 뭐 먹을 거 이런 걸 많이 먹으니까, 밥때 밥을 먹으면 [좋은데…]. 다른 아이들은 밥 배하고 간식 배 따로 나는데, 우리 애들은 그러지가 않아요. 밥 한 공기를 다 못 먹어요, 3분의 2 공기?

면담자　　　커서까지 계속?

재강 엄마　　고등학교 다닐 때 3분의 2 공기였어요. 초등학교 때는 뭐 (손가락 두 마디를 짚으며) 요만큼씩이죠. 밥이 굉장히 [적었어요]. 중간중간에 간식은 먹죠. 그런데 밥 양은 3분의 2. 그러니까 다른 애들에 비해서 많이 [못 먹었어요]. 우린 삼겹살도 한 근을 다 못 먹었어요, 네 명이서. 450그램, 재강이 고등학교 때까지 450그램. 그전엔 애들 클 때는 거의 삼겹살 안 구워 먹었는데, 구워 먹으면 450그램 딱 구우면 맞아요. 더 구우면은 남아요. 그러면 버려야 해, 그래서 450그램. 고기 종류, 고기를 많이는 안 먹고, 주면은 이제 먹는데, 막 다른 집처럼 우리는 양이 많지도 않아요. 닭도, 치킨도 한 마리 시키면… (면담자 : 네 식구 다?) 네. 그냥 후라이드[프라이드] 몸통이랑 다 있는 거 시키면 다 못 먹어요. 그냥 다리나 날개만 딱 시켜서 먹으면 [다] 먹어요. 그러니까 거기서 재강이가 반 먹고 우리가 셋이서 반 먹고.

면담자   어머님 ○○이도 태어날 때도 작아서 인큐베이터에 들어갔던 거예요?

재강 엄마   아니, 작아서 인큐베이터에 들어갔던 건 아니구요. 걔 같은 경우는 위하고 식도하고, 식도에서 막아주는 기능이 조금 약해 가지고 먹으면 토하는 거예요. 우유를 먹여놓으면 바로 토해버리는 거야. 그래서 인큐베이터에 한 열흘 있었어요, 걔가.

면담자   크면서 자연적으로 그냥 나았어요?

재강 엄마   네, 그거는 어쩔 수가 없다고 하더라고요. 인큐베이터에 열흘 있다가 나왔는데, ○○이 같은 경우는 어디 외출하려고 하면 어떤 때는 옷을 두 번씩 갈아입어야 돼요. (면담자 : 아, 토해가지구요?) 트림을 시켜놔도 또 토하니까. 그래서 잘해갖고 나갔다가 [토하고 하니까 옷을 두 번씩 갈아입혀야 했어요]. 그러면서 성장하면서, 100일 지나면서 좀 토하는 횟수가 적고, 또 이렇게 개월 수 지나면서 토하는 횟수가 적어지고…. 트림을 해놔도 토하고 이랬으니까. 재강이는 감기를 많이 해서[걸려서] 계속 병원 다니고, ○○이는 그래서 좀 다녔고…, 좀 크면서는 애들 크게 많이는 [다니지 않게 되었어요]. 재강이 같은 경우는 병원을 많이 다녔어요, 감기 때문에. 재강이는 항상 감기 걸리면 병원을 가야 낫는 아이고, 재강이 동생은 감기 걸려도 그냥 집에서 냅두면 자연적으로 낫고…. 재강이는 병원을 안 가면 안 돼. 그리고 또 면역성이 약했나 봐. 남들이 하는 건 다 해요. (면담자 : 유행하는 거 있으면 다 걸리고?) 그 뭐지? 입 안에 나면서 소리를 수, 뭐지? 수두도 아니고 (면담자 : 수족구병?) 어, 수족구도 했어요, 재강이는.

면담자   요즘에는 많지만 그때는 수족구가 많이 안 돌 때 아니었어요?

재강 엄마   아뇨, 재강이는 수족구도 했어요. 그게 동생 낳기 전에 언니네 집에 갔는데 애가 손에 뭐가 난 거야. '어, 뭐지?' 하고 우리 집에 가서 병원에 갔더니 수족구래요. 또 수족구 하면 입 안까지 다 헐잖아요. 밥도 못 먹고 그래 갖고 막 떠 먹이고, 배는 고픈데 지는 못 먹으니까 밥 같은 거 미음 쒀서 떠 먹이고, 이렇게. 재강이는 남이 하는 건 다 해요. 수족구 하죠, 또 그리고 나서 좀 크면서 전염병이 또 하나 돌았어요. 그것도 했어요. 남들이 하는 건 재강이는 어김없이 하고.

면담자   신종플루였어요?

재강 엄마   신종플루 때는 안 [하고] 아, 그것도 있었어요. 그때 한참 재강이가 홍역인가 그것도 했어요. 아, 수두, 수두도 재강이는… 수족구 하고 또 수두도 했어요. 남이 하는 건 다 한다고 했죠. 신종플루는 안 걸렸는데 그때 한창 유행할 때 재강이 동생이 열이 심해 갖고 병원에 입원했었어요. 신종플루인 줄 알고 바로 병원에 입원했는데 아니라서 퇴원해 갖고 있는데, 또 재강이가 또 그걸…, 그래서 재강이 담임이 학교 보내지 말고 일단 병원을 가라 해서(웃음) 하여튼 남이 하는 거는 어김없이 한 번씩 다 따라 하고 가요. 면역성이 약했던 아이 같아요, 애가. 그런 거 다 했어요, 재강이는.

5
어린 시절 추억, '도롱이' 기르기

면담자   보통 어머니들이 둘째 태어나면 '내리사랑'이라고 둘째가 더 예쁘다고 하는 이야기 많이 들었었는데(웃음) 그때 어머니 재강이 보고 싶다고 우셨다면서요?

재강 엄마   그때는… 어 모르겠어요. 둘째 있는데 걔는 별로 안 예쁘더라구요. 재강이가 옆에 없으니까 되게 보고 싶더라고요. 그래서 재강이 막 데꼬 오라고 [하니까] 애들 아빠 나중에는 짜증을 내면서 데리고 왔어요. 재강이가, 저도 늦게 낳고 이래 가지고 되게 재강이한테 애착을 많이 가졌던 것 같아요. 뭐 그러지 않았나 싶어요. 동생은 크면서, 동생은 예뻐하게 됐지.

재강 엄마 양옥자

면담자   아주 어릴 때는 재강이가 첫아이로 태어난 그 기쁨이 계속 좀 오랫동안 가셨던 건가 보네요?

재강 엄마   네. 저는 뭐 모르겠어요. 남들이 보기에는 어떻게 느꼈는지 모르지만 첫째, 둘째 이런 걸 별로 안 [구별]했던 거 같아요. 그냥 둘 다 같이한다고 했는데, 얼마 전에 동생이 그러더라구요, 지한테는 조금 소홀했다고(웃음). 동생이 그 이야기 한 번 하더라구요. "오빠는 알까?" 그랬더니 "모르겠지 본인은", 동생이 그런 이야기….

면담자   그런 이야기 처음 한 거였어요?

재강 엄마   네. 재강이가 저한테는 안 그랬는데, 고등학교 1학년 때 아빠한테 그런 이야기 한 적 있어요, 딸 바보라고, 아빠 좀 나한테 좀 신경 쓰라고.

면담자   (웃으며) 재강이가 아버님한테요?

재강 엄마   아빠가 어느 날부터 괜히 딸한테 그냥 친한 척을 하는 거야. 뭐 어딜 가다가…, 동생이 아주 뚱뚱하진 않은데 약간 우리 집에서 조금 살찐 편이죠. 재강이하고 재강이 아빠하고 되게 말랐어요. 재강이 아빠가 엄마인 저는 이제 좀 통통해도 그냥 마누라니까, 여자니까 그냥 왔는데, 딸은 그냥 이제 조금 통통하니까 만날 '뚱이'라고 부르거든요. 지금도 뚱이라고 불러요, 딸한테. "뚱아, 뚱아" 그래요, 집에서. 어디 지나가다가 '뚱식당'이 있었어요. 딸한테 우리 밥 먹으러, 거기 밥 먹으러 가자고, "뚱아 '뚱식당'이 있더라. 밥 먹으러 가자"고. 그리고 만날 뭐 먹을 때도 "뚱아 우리 뭐 먹을까?", 재강이한테 묻는 게 아니고 딸한테 만날 물으니까, "좀 아빠 나한테 좀 신경 좀 쓰라고. 딸 바보처럼 딸한테만 신경 쓰지 말고" [하더라고요. 재강이가] 저한테는 그런 이야기 안 했거든요, 저는 이제 지한테 많이 신경 쓰는 걸 아니까.

면담자　　　시댁에서는 아들 손자랑 딸 손녀랑 차별하거나 그런 건 없었어요?

재강 엄마　　　저 같은 경우는 제가 시골 사람이니까 그분들의 습성을 잘 아니까 좀 거기에 대한 섭섭함 그런 거는 별로 없는데, 우리 동서 같은 경우는 그런 걸 좀 느꼈다고 하더라구요. 내 밑에 동서는 딸만 둘인데, 저보고 그러더라구요. 형님은 모를 거라고 자기네 애들은 어머님, 아버님들이 별로 안 이뻐했다고, ○○이, 재강이만 예뻐해서, 뭐 그런 이야기 동서가 하더라고. 제가 못 느꼈던 건지 뭐 어쨌든 재강이 같은 경우는 고모부도 많이 따라다니고, 시골 갈 때 고모부가 화물차가 있었는데 우리가 이제 휴가 때 그 시골로 가요.

면담자　　　어디였어요, 어머니?

재강 엄마　　　시댁이 경북 영주예요. 경북 영주인데, 거기 가서 이제 봉화 계곡 같은 데 놀러 가면 재강이가 고모부 화물차를 탔었어요. 그때 7살 땐가? 이때 고모부 화물차를 타고, 아빠 차를 타는 게 아니고 화물차가 앞이 잘 보이니까 화물차를 타요. 아빠 차를 타면 뒤에 타라고 하니까(웃음), 뒤에 타니까, 고모부 화물차를 타고 갔다 오다가 화물차가 탁, 고모부가 급정거를 했어요. 유리를 딱 부딪쳤는데, 재강이 머리가 깨진 게 아니고 유리가 깨졌어요(웃음).

면담자   (웃으며) 재강이는 안 다치구요?

재강 엄마   재강이 머리가 깨진 게 아니고 유리가 깨졌어요. 단단한가 봐요, 머리가. 그리고 재강이 4개월 됐을, 아니다 8개월 됐을 때, 이제 영주를 가는데 눈이 와가지고, 그때는 중앙고속도로가 나기 전이어서 저기 죽령 고개를 넘어갔거든요? 눈이 와가지고 아빠가 못 올라간다고, 우리 둘이를 뒤쪽에 앉으라고 하더라고. 우리 봉고차 있잖아요, 그레이스 뒤쪽에 둘이 이제 앉았어요. 이제 차 [뒤의 의자를 펴고 가요. 우리 애랑 나랑 뒤에서 누워가든지 이렇게 하니까, 앉고 이렇게 가는 게 아니고 [의자를 펴서] 깔고 가니까. 그래서 뒤쪽에 가서 둘이 앉았는데 어떻게 딱 하다가 또 둘이 탁 유리에 부딪쳤어요. 그런데 애가 유리에 머리가 쾅 했는데도(웃음) 안 울어. 머리가 좀 단단한가 봐. 그 차 유리 깼을 때도 사람들이 다 웃고 막, 어떻게 유리가 깨지냐고, 애는 안 다치고. 고모부 차 같은 걸 타는 거 좋아해요. 화물차 이렇게 높은 거, 재강이가.

면담자   명절 때도 자주 다니시고, 방학 때도 영주까지 많이 다니셨어요?

재강 엄마   방학 때는 따로는 안 가요. 휴가 때 가요, 여름휴가 때 자주 갔어요. 어린이날, 어버이날이 있으니까, 어린이날 그때 또 연휴잖아요. 그러면 항상 시골 가서 우리가 뭘 하냐면 고추를 심어요, 밭에. 고추 심으니까 재강이가 왜 우리는 어린이날 고추를 심어야 되냐고(웃음) [하고 했어요]. 재강이 좀 크면서 초등학교 때 한번 대공원 데리고 간 거 같아요. 막 애기 때는 [시골에] 그렇게 안 갔었어요.

그런데 어느 날부터 우리가 시골 가기 시작했는데, 대공원을 데리고 갔어요, 저기 어린이대공원, 뭐지? 동물원[에] 막내 동서네 애들하고 우리 애들하고 [같이]. 그게 중학교 때 같기도 하고 초등학교 때 같기도 하고 기억이, 중학교 때인 거 같기도 한데…, 중학교 때인 것 같아요. 중학교 1학년 때인지 초등학교 6학년 때인지 모르겠다. 사진을 보면 기억을 하겠는데 기억이 안 난다. 하여튼 어린이 동물원에 동서네 애들하고 우리 애들하고 갔어요. 다 돌고, 동물 보고 놀고. 재강이가 제일 먼저 와 있잖아요, 뱀 있는 데 있잖아요, 거기 가서 작은아빠랑, 아빠랑. 우리 셋은 밖에 앉아 있고, 재강이는 거기 들어가서 혼자….

면담자 체험 같은 거 하는 거예요?

재강 엄마 아니, 거기 체험은 안 해요. 거기는 보고 오고. 우리는 저기 거기[포천]에 뱀 체험 거기 갔었어요. 포천에 또 그런 게 있어요. 거기 재강이 데리고 갔었어요. 뱀, 거기는 밖에 나와 있는 거, 이렇게 하는 거 보고…. 포천인데 그게 이름은 기억이 안 나네. 뱀을 좋아하니까 데리고 [갔었지요]. 뱀을 본격적으로 좋아한 거는 한 초등학교 5, 6학년 때부터 그랬던 것 같은데, 그 전에는 그렇게 안 그랬었는데 파충류를 좋아한 거는 그때부터인 것 같아요, 만날 나 키우고 싶다고, 집에서. 집에서 키울 수가 있나요.

면담자 이구아나나 이런 거 키우자고 그랬어요?

재강 엄마 이구아나? 아니, 도마뱀 키웠었어요. 도마뱀을 지 고등학교 1학년 때 키웠었어요. 키우다가 내가 저거 했죠, 재강이 보내고 49재 지내고 분양했어요. 지금 다른 분들은 강아지니까 본인들이 키우는데 우리는, 제가 아쉬움도 있긴 한데, 재강이가 키우던 걸 분양 보내서 아쉬움도 [있지만], 제가 걔 밥을 못 줘요, 도마뱀. (면담자 : 개구리를 먹어요?) 아니요, 쥐 태아. 우리 집 냉동실 제일 꼭대기 한 칸이 재강이 그 뱀 밥통이었어요. 참 남들이 보면 좀 잔인하죠. 지저분하죠. 어떡해, 애가 뱀을 키우는데, 한 칸을 분양해 줘야죠. 그래서 제가 그 대신 "가리라"고 했어요, "어두운 걸로 가리라"고, "나는 못 본다" [해가지고], 쥐 태아니까. 그걸 밥[으로] 먹였어요. 그리고 돼지고기 사태 살, 비계 하나도 없이 잘라가지고 살만 해가지고 그것도 냉동해 놨다가 깍둑썰기같이 해놔요. 썰어놨다가 해동해서 그것도 또 한 개씩 간식으로 먹이고…. 또 시골에 가서는 어디 가서 물고기를 잡았는데, 미꾸라지인가를 잡아 왔을 거예요, 그것도 갖고 와서 걔 먹인다고 먹이고. 또 시골 갈 때, 추석 때 갈 때는 걔 데리고 가야 된다고 시골에 안고 데리고 갔었어요. 그것도 영주 갔다가, 우리 친정이 함양이잖아요, 함양까지. 걔 혼자 집에 내비두면 안 된다고, 명절 때, 추석 때 데리고 다 돌고 왔다니까, 걔 데리고. 그만큼 사랑하는 만큼 엄마를 사랑하지(웃음). (면담자 : 밥은 하루에 한 번만 먹어요?) 네, 하루에 한 번 주더라고. 학교 갔다 와서 주더라고요. 걔도 청소 안 하면 냄새나요.

면담자   당연히 그렇겠죠, 동물이니까. 청소는 어머님이 하셨어요?

재강 엄마   아뇨, 재강이가 해야죠. 나는 걔 만지는 걸 못 해요.

37
•
1회차

그냥 우리 집에 이렇게 사육 통이 있잖아요, 거기 있는 것만 보지. 뭐, 뚜껑 열고 걔 나오고 그런 거, 나한테서는 할 수가 없지, 내가 그걸 못 하니까. 그러니까 지 방에서 그냥 그렇게 키우는 거예요, 온도 조절해 줘가면서 지가 그냥. 청소도 지 혼자 해야지 내가 어떻게 해 줘요. 난 도마뱀 만지지도 못하는데(웃음), 보지도 못하는데. 우리 집에 그런 게 있었어요. 나무로 된 이런 뱀 [사육 통이] 있었어요. 그때 재강이 독서 논술 선생님이 갖다줬던가 그래요. 재강이가 갖고 싶다고 해가지고 선생님이 주셨나 봐. 내가 그런 거에 잘 놀라니까 어떤 때 재강이가 한 번씩 착 엄마한테 갖고 와요. 그러면 내가 막 놀라고 그러거든. 그걸 즐기기도 하고 지는.

면담자　　재강이가 언제부터 뱀을 좋아하게 됐어요?

재강 엄마　　초등학교 5, 6학년 때였던 것 [같아요]. 재강이가 유치원 다닐 때 우리 집에 햄스터도 잠깐 키웠었어요. 누가 줘가지고 햄스터를 키웠었는데, 이 햄스터가 베란다에서 키웠는데 어머, 집을 빠져나와요. 집을 빠져나와 가지고 베란다를 돌아다니면 재강이 유치원 갔다 올 때까지 나는 베란다 중문을 닫아놔야 돼요.

면담자　　어머니 햄스터도 안 만지셨어요?

재강 엄마　　네. 나는 햄스터도 못 만져요, 그래 가지고 중문을 딱 닫아놓고…. 저는 강아지도 좀 무서워해요. 우리 딸도 강아지 엄청 무서워하거든. 나는 요만한 강아지들 이렇게 보기는 하는데 큰 강아지들 막 나한테 오면 나는 으, 이렇게 좀 무서워하는 편이거든. 햄스터가 나와 있으면 재강이 유치원 갔다 와서 재강이가 잡아 넣어야

38

재강 엄마 양옥자

해요. 안 그러면 올 때까지(웃음). 그러다가 내가 도저히 안 돼가지고 "재강아 나는 못 키우겠다, 이거" [그랬더니] 재강이가 그럼 다른 사람 주라고 그래서 주고…. 또 뭐 물고기도 좀 키우고, 하여튼 조금씩 조금씩 키웠었어요. 조금씩 조금씩 키우다가 이제 본격적으로 도마뱀 키운 거지.

그거는 지 용돈으로 다 샀어요. 사러 갈 때는 아빠가 차 가지고 부천에 사러 갔었거든. 부천에 어디, 지가 인터넷으로 찾아가지고…, 그 도마뱀이 또 희귀종이에요. 그게 1미터까지 크는 도마뱀이에요. 그런데 우리 집 올 때는 (손가락을 작게 벌리면서) 요만했거든요. 재강이가 키우니까 (양손을 조금 벌리면서) 이만큼까지 컸었어요, 컸었거든, 1미터까지 크는 도마뱀. 인터넷으로 찾아서 거기 매장에 있다고 해서 확인하고 사러 가가지고 비용이 꽤 나왔죠. 도마뱀이 10만 원 정도 나왔고, 그 사육장하고 또 뭐, 온도계하고, 열도 줘야한다고 [해서] 그런 거 사는 데, 갖추는 데 한 30만 원 나오더라구요. 거기서 한 몇만 원 깎아줬던 것 같아요. 그러고 나서 지 돈이 안 되니까 지 동생, (면담자 : (웃음)) 동생한테 보태라고, 니도 볼 거니까. 동생이 돈 한 10만 원 보태줬다는 거 같더라고요.

면담자   어머니는 하나도 안 보태주셨어요?

재강 엄마   네, 나는 안 보태줬어요. 그리고 키울 때도 밥값도 난 안 줬어요. 내가 밥값도 "너가 키울 거니까 네가 알아서 키워" 이랬지. 그래서 지 용돈으로 도마뱀 밥을 사서 먹이는 거야.

면담자   얼마나 애착이 많았겠어요.

재강 엄마　　　인터넷에서 밥 떨어지면 사고, 밥이 좀 미처 안 되면 그 저기 돼지고기 있잖아요. 막, 하루에 쥐 한 마리씩 먹여요. 아니다, 하루에 한 마리, 하루에 한 마리씩이지. 근데 가격이 단가가 500원이에요. 태아 한 마리에 500원이에요.

면담자　　　그것도 용돈으로 감당하기에는….

재강 엄마　　　지 용돈으로 했어요. 그럼 만날 돈이 모자라지, 동생한테 빌려 쓰고…. 어느 날 제가 그걸 알았어요, 동생한테 빌려 쓰는 걸. "돈 빌려주지 마라" 동생한테 "돈 빌려주지 마라" [했어요]. 재강이가 돈을 잘 써요. 이게, 돈이 있으면 다 쓰는 스타일이에요. 한 초등학교, 중학교 때까지는 시골 갔다 오면 돈이, 용돈이 많이 생기면 통장에 넣었어요. 근데 고등학교 오면서 추석, 설날 용돈받은 것만 나한테 일부 주고 나머지는 지가 다 써야 돼. 왜냐면 돈이 없어요. 내가 용돈을 주고 또 손님들이, 우리는 애 아빠가 사람들을 자주 만나거든요, 그래서 손님들도 자주 만나면, 그 사람들이 우리 집에 와서도 용돈 주고 가도 그거 다 쓰고 없어요. 시골 가서 받아 오는 돈이고 뭐고 다 써. 고등학교 1학년 때도, 그 도마뱀 사기 전에도 우리 친정에 갔다 오면서 꽤 용돈을 많이 받아 왔는데, 도마뱀 사고 나서 "돈이 하나도 없다"[고 그러더라고요]. 모자랐으니까…, 돈이 하나도 없고, 나중에 그러더라고.

　　　다달이 용돈 줬더니 안 되겠대요, 주당으로 달라, 주당으로 달라고(웃음). 달로 줬거든. 주당으로 달라고 [해서] 주당 줬더니, 또 어느 날 한번은 학원 다니면서, 토요일은 학원 안 가다가 토요일로 시간이 어떻게 변경되면서 학원에서 점심을 먹어야 되는 거야. 그래서 그 점심값도 달래. 한, 그러니까 5000원씩 더 플러스해 달래(웃음). 그러면 또 5000원씩 내가 올려줬거든요. 그러다가 아침에는 이제 학교 갈 때 택시 타고 갔[어요], 친구들 네 명이서. 중학교 때 친구들 네 명이서 택시 타고 가요. 우리 집이 10단지니까 다른 곳까지 가면 기본요금 나오니까 네 명이서 돈 내서 택시 타고 간대요. 괜찮은 방법이더라고. 올 때는 걸어와요. "왜 버스 타고 오지" 그랬더니, 나가면 사람들이 몰리는 시간이라서 더 힘들다고, 걸어오는 게 빠르다고, 그래 갖고 올 때는 걸어온다더라고. 한 40분 뭐 걸렸나? 오면서 친구들하고 놀고 뭐 그러겠죠. 사실 내가 걸어보니까 한 20분, 25분이면 걸어오겠더라고요. 그런데 걸어와요.

지는 용돈 그렇게 받아서 다 쓰고 없어요. 그러니까 만날 돈이 모자라는 거야(웃음). 손님들이 와서 주는 돈도 다…. 아, 내가 그 이야기 했구나. 이제 용돈이 모자라나 싶어서 한번 물어봤었어요. "네 친구들은 용돈 얼마씩 받아?" 그랬더니 "어? 다 나 정도로 받아" 그러더라고. "아 그래? 그러면 안 올려줘도 돼?" 그랬더니 "어. 괜찮아" 그러더라고요. 그래서 안 올려줬거든. 이제 2학년 때 돼서 좀 용돈을 올려줄까 생각했더니, 왜 너무 친구들하고 다닐 때 친구들보다 돈이 없으면 애가 또 그렇잖아요. 그래서 "좀 올려줄까?" 했더니 지 친구들도 그만큼씩 받는다더라고. 그런데 나중에 보니까 아니더라고.

면담자   (웃으며) 어머님이 많이 주신 거였어요?

재강 엄마   아니 많이 주진 않았고 그냥 지 쓸 만큼. 내가 보기엔

쓸 만큼 줬는데 지는 부족했던 것일 수도 있죠. 애들 많이 쓰긴 쓰죠. 친구들 만나서 밥 먹고 다니니까 당연히 쓰죠. 동생 같은 경우는 항상 지갑에 돈이 있는데 재강이 지갑에는 돈이 없어요. 재강이는 없어 돈이 지갑에, 다 써서. 그 작년에도 1월 달인가 구정이었잖아요. 그때는 재강이를 할아버지 제사 때 아빠랑 둘이 보냈어요, 시골에. 둘이 보냈는데 어차피 아빠가 올라왔다가 이틀 있다가 또 내려갈 거니까 재강이를 시골에 두고 왔어. 근데 그 우리 사촌 고모님이 재강이한테 용돈을 3만 원을 주고 가셨는데 하루 영주 나가서 다 쓰고 돌아왔어요(웃음). 바로바로 다 쓰고 돌아왔대. 그래 갖고 구정 전날 또 영주를 나가야 하는데 돈이 없는 거야. 이제 그때는 동생들 다 데리고 나가야 되는데 돈이 없는 거야. 돈 달라고 하더라고. 그래서 아빠가 "너 그저께 고모할머니가 3만 원 줬잖아" 그랬더니 다 쓰고 없대. 또 우리 어머니가 주시더라고, 어머니가 그러더라고. 아, 또 한 번 그 전 다음 날 또 나가려고 하는데 "재강아 돈 줄까?" 할머니가 그랬더니 돈 있다고 하더래요. 그러니까 우리보고 뭐라 하는 거야, 어머니가. "애를 갖다가 어? 맨 기 죽여가지고 다른 애들은 할머니가 돈 준다고 하면 파딱 받아 가는데 애가 그냥 너그 때문에 그렇다"고(웃음), "너거가 어? 애한테 그래 놓으니까, 애가 돈이 없으면 받아 가야 하는[데], 있어도 받아 가는데, 쟈는 돈도 안 받아 갔다"고 어머니가 막 우리를 뭐라고 하더라고.

친척과의 관계, 유아 시기 교육

| 면담자 | 아버님이 형제분들 중에서도 제일 맏이세요? |

재강 엄마 위에 누나 하나 있어요.

면담자 애기는 재강이가 첫째예요?

재강 엄마 아니, 누나네 애들은 있죠. 일단 우리 시골 노인네들
은 외손주하고 친손주하고 틀리죠. 틀리죠, 친손주하고 외손주하고.
우리 어머님이 재강이는 중학교 입학할 때 어머니가 교복 사주라고,
중학교 입학할 때 20만 원 주고, 고등학교 들어갈 때 50만 원 주셨는
데, 외손주들은 대학교 가도 50만 원밖에 안 줬어요(웃음). 우리 어
머니, 시골 노인네들이 틀려요.

면담자 집안에 손주가 아들하고 딸 중에 누가 더 많아요? 아
까 동서분은 딸만 있다고 그러셨는데….

재강 엄마 우린 딸이 많아요. 나, 막내 동서도 딸 하나 아들 하
나. 그런데 지금은 삼 형제 중에 아들이 걔 하나밖에 없어요. 딸들만
네 명 있어요, 딸들만 네 명. 그런데 이제 우리 어머님이 만날 ××
이, 또 사촌 동생이 ××이거든. ××이 재강이. ××이가 막내인데,
아 막내가 아니구나. 이게 동서가 늦게 낳아가지고 [둘째가] 초등학
교, 지금 걔가 이번에 2학년인가 그렇거든요. 걔가 막내인데 우리
어머니는 오로지 ××이야. 우리 시어머니한테는 오로지 ××이야.

면담자   학년으로는 재강이하고 재강이 동생하고 두 학년 차이 나는 거예요?

재강 엄마   두 학년 차이 나요. 재강이가 6월이고 걔가 4월이라가지고. 네, 두 학년 차이 나요. 그러니까 지금 동생은 고2.

면담자   남양주에서 키우실 때도 좀 힘드셨겠어요. 그때 박물관 많이 데리고 다니셨던 거였어요?

재강 엄마   아뇨, 그때는 못 다녔어요. 그때는 못 다니고 시화에 있을 때, 동생 3살, 재강이 5살 그때 데리고 다니고, 그 초등학교 입학하고 나서부터는 우리가, 제가 이쪽으로 이사 와서는 못 다녔어요. 많이 못 다녔어요. 그때는 아빠랑 했지. 우리는 시골을 많이 가니까, 거의 시골을 자주 가니까 우리는 여행이라면 시골이에요.

면담자   함양도 영주만큼 자주 다니셨던 거예요?

재강 엄마   그만큼은 못 갔죠. 함양은 우리 아버지 생신 때나 뭐 이럴 때 몇 번만 갔었지 영주만큼은 못 가죠. 영주는 자주 갔었죠. 함양은 자주 못 가고 영주는….

면담자   명절 때는 영주 가셨다가 함양 가셨다가 오세요?

재강 엄마   안 갔어요. 제가 너무 힘들어 가지고 안 갔어요. 애 아빠가 가자는데 동생이랑 재강이 낳고, 제가 결혼하고 한 두 번인가 가고 나서는 힘들어서 못 가겠더라고. 그래서 안 갔어요. 그러다가 재강이 고등학교 1학년 때 한 번 간 거예요.

면담자   도마뱀 다 싸가지고?

재강 엄마　　예. 그러니까 함양을 들렀다 오면 너무 힘들어요, 몸이. 그래서 안 가고 바로 영주에서 올라왔다가 따로 가요 그냥, 아버지 생신 때 따로 가고….

면담자　　어머님은 형제분이 오빠분 계시고, 언니도 계시다고 하셨어요?

재강 엄마　　언니 둘에 오빠 둘. (면담자 : 어머님이 막내?) 막내, 오남매 [중에]. 제가 그러잖아요. 그 이야기 농담으로 하는데 우리 친정에서는 공주로 살다가 허씨 집안에 와서 무수리가 되었다고. 허씨 집안의 무수리예요, 제가 무수리, 무수리.

면담자　　어머니 결혼하셨을 때 아버님이 아들 중에는 맏이시니까 부담이 좀 되진 않으셨어요?

재강 엄마　　제가 그런 걸 잘 못 느꼈었어요. 그냥, 우리 올케언니가 그랬었거든요, 왜 맏이한테 가냐고. 그런데 맏이의 고통 같은 걸, 그런 걸 생각을 안 했어요. 그냥 결혼하면 그냥…, 뭐 맏이다 둘째다 그런 개념이 없었어요. 그런데 결혼해서 살아보니까 아니더라고. 살아보니까 맏이는 아니더라고. 힘들더라고요, 그동안 살아보니까. 막내한테 갔어야 좀 편할 것 같은데 맏이는 모든 걸 다 해야 하니까 힘들어요, 맏이로서 힘든 것들….

면담자　　어머니, 직장생활은 결혼 전에 몇 년 정도 하셨던 거예요? 계속 그 하남시 회사만 다니셨어요?

재강 엄마　　아니, 거기는 1년 반 정도밖에 안 다녔어요, 하남시는.

그리고 다른 데 다니다가, 서울에 다니다가…. 아, 처음에는 부산에 1년인가 있었어요. 부산에 1년 조금 더 있다가 일로 올라온 거예요.

면담자　고등학교 졸업하고 바로 부산으로 가신 거예요?

재강 엄마　네, 부산에서 벽지 만드는 데 1년 있다가 일로 올라온 거죠. 부산은 사촌 언니 집에 있어 갖고, 내가 힘들어서 일로 올라오게 된 거죠.

면담자　시화에 있을 때 재강이 미술학원 보냈다고 하셨는데 그때는 너무 어리지 않았어요?

재강 엄마　5살 때 다녔어요, 5살 때. 5살 때부터 다녔어요. 그때는 다 5살 때부터 다녔어요. 지금은 태어나자마자 가잖아요.

면담자　학원이 유치원 역할도 해줬던 거예요?

재강 엄마　그런 게 아니고 재강이 다닐 때는 미술학원이, 명칭은 미술학원인데 유치원처럼 똑같은 저기를 해요, 다. 음악학원도 이렇게 해가지고도 다 유치원처럼 하고, 일반은 그렇게 하는 데예요. 거기가 프로그램도 괜찮고, 또 다른 사람 소개받아서 갔었거든요. 그런데 괜찮더라고.

면담자　학원에서 몇 시간 있는 거였나 보네요?

재강 엄마　어차피 유치원 가도 똑같죠. 그게 유치원이랑 똑같은 건데 명칭이 미술학원이에요. 계속 가서 그림만 그리는 게 아니고 활동은 똑같아요. 미술학원 명칭을 가져서 그렇지 어린이집하고 똑같아. 유치원하고 똑같아, 활동하는 거는. 우리가 그 학원하고 좀 멀어 가지고 아침에 재강이가 8시 조금 넘어서 8시 반 정도에 차를 타요. 재강이가 그 시간에 타고 한 3시인가 이때 왔던 것 같아요, 그때는, 거기 살 때는. 재강이네는 그때 반이 두 개 반이었으니까, 5세 반이 두 개 반이니까. 재강이가 나이가 6월생이니까 뒤에 반이에요. 앞에 반 애들은 좀 더 생일이 빠른 애들. (면담자 : 아, 그렇게 반이 나누어져 있었어요?) 네. 그러고 뒤에 반. 그러니까 선생님이, 부원장님이 담임선생님이어 가지고 재강이 아플 때는 담임선생님이 업고 있었다고 하더라고요. 학원들이 다 그런가 봐요. 선생님들이 애들 업고 있고 그런가 보더라고요. 참 엄마로선, 엄마가 보내면 좀 편하긴 한데, 하나만 데리고 있으면 편한데 또 지금 이렇게 보니까 어린이집 선생님들도 못 할 것 같아요, 너무 애들이 힘들어서. 한 아이만 보는 게 아니고 여러 아이를 봐야 하니까 힘들잖아요. 못 할 것 같아.

면담자   애기 때 시화에 있을 때도 자주 감기 걸리거나 그래서 병원 많이 왔다 갔다 하셨어요?

재강 엄마   예, 병원에는…. 여름에도 감기 걸리고, 재강이가 기침을 하면 막 되게 심하게….

면담자   애기 때 기관지염이나 그런 게 있었던 거예요?

재강 엄마   일종의 기관지천식, 좀 끼가 있었죠. 그래 가지고 막 항상 제가 목 수건 같은 거 이렇게 해주고 감기 걸리면 기본이 병원 일주일씩은 다니고, 다른 애들에 비해선 감기가 자주 걸리고….

면담자   키우실 때 어머니가 특별히 힘드신 적은 없으셨어요?

재강 엄마   애가 나를 힘들게 하는 게 아니고 이게 아프니까, 자주 아프니까, 동생이랑 22개월 차이니까 제가 혼자서 애 둘을 키운다는 게 되게 힘들었어요. 그 22개월 차이 애들, 알잖아요? 연년생이랑 똑같잖아요. 그렇게 키우는 게 힘들었지, 막 애들이 떼쓰거나 이러진 않았어요. 동생하고 재강이랑 막 떼쓰지는 않아요. 그 다른 [애들처럼] 악을 쓰고 울고 이러진 않으니까…. (면담자 : 아버님이 도와주시거나 하지는 않으셨어요?) 안 도와줬어요. (면담자 : 단호하게 말씀하시네요(웃음)) 안 도와줬어요. 그러니까 내가 너무 되게 힘들었죠, 혼자서 둘을 키우니까. 힘들었어요, 엄청 힘들어, 그렇게 키우면. 어디 갈 때 막 재강이도 걸어가기 싫어하죠, 그러니까 동생은 업혀 가지지는 걸어가야 되지…. 그 시화 살 때 같은 경우도 재강이가 어렸잖아요. 이사 가서도 그러니까, 거기는 또 어디 나가려고 하면 시화 같은 경우는 시장도 없어요. 이마트 나와야 되고 그럴 때는 아빠랑 같이 나와야 하니까 같이 시장 다니고, 또 옥구공원 가까우니까 거기도 한 번씩 데리고 가고 뭐…. 또 내가 이제 이렇게 키우니까, 재강이 아빠 친구분 와이프가 자기 아들 운동회 하거나 이러면 데리고 가요, 재강이. 딸하고 좀 둘이 편하게 있으라고 재강이 거기 데리고 갔다가 오고, 집에서.

면담자   어머니, 선부동으로 다시 오시게 된 것도 원래 살던 동네라서 오신 거예요?

재강 엄마   아니에요. 오고 싶어서 선부동으로 온 게 아니고, 시화 살다가 전세 값이 많이 올랐어요. 그런데 우리가 돈이 없었어요.

집을 구하는데, 아빠가 어차피 회사가 시화공단이니까 멀리는 못 가요. 그래 가지고 음, 어디지 정왕동 쪽에도 가봤었어요. 근데 집들이 없었어요, 우리 살 때 집이 없었어. 집을 구하다 구하다가, 내가 안산으로 안 오려고 했었거든요, 선부동은. 그러면 이제 성남, 언니네 집이 서울이니까 왔다 갔다 하기 좋게 성남에도 갔는데 집이 없었어, 그때 또. 집이 없어 갖고 할 수 없이 또 이제 애 아빠가 그럼 선부동을 가보자 그래 갖고 왔어요. 선부동을 왔는데 집이 있었어요, 이쪽에. 그래서 일로 오게…, 와가지고 그냥 쭉 여기 그냥…. (면담자 : 10단지에 계속?) 아니, 한 번 이사하고. 거기서 옆, 10단지에서 10단지로 이사 한 번 했어요. 한 번 하고, 거기 그렇게 살아온 거죠, 한 번 이사하고. 또 한 번 더 이사할라 했는데 지금 못 하고 있는 거죠. 공작한양으로 이사 가려고 했는데, 이사는 못 가고 지금 10단지에서 살고 있는 거예요. 원래 재강이가 있었으면 올해나 내년이나 이렇게 가려고 [했었는데]….

면담자   재강이 유치원 보내시면서 아까 말씀하신 엄마들도 그때 만나게 되셨던 거예요? 아니면 학교 들어가서?

재강 엄마   학교 들어가서. 제가 재강이 유치원 다니고 이럴 때는 아줌마들 잘 안 만났죠. 왜냐면 처음에 와가지고는 사람 만나기를 잘 못하니까, 그때는 동네 사람들 잘 몰랐었어요. 몰랐다가 초등학교 입학하면서, 이제 학교 다니면서 한 엄마를 알게 되고, 이제 요쪽 엄마들 말고 동네 아줌마들, 한 엄마 알게 되고 이렇게 알게 됐지, 잘 저기를 안 했으니까. 입학하고 나서 동네 사람, 아줌마들 사귀었어요. 초등학교 입학하기 전에는 동네 사람들도 잘 [몰랐고] 초등학교 입학하고 이제 좀 모임도 가지고 이쪽 아줌마들도 만나고 이렇게 만난 거지.

면담자　　　　어머니, 학교 활동도 많이 하셨다고 했는데, 어머니가 나이 좀 많으신 편이셨어요?

재강 엄마　　　아뇨, 저보다 나이 많은 사람도 있었어요(웃음). 그 이상하게 재강이 친구 엄마들은 다 나이가 좀 많았던 것 같아요. 한 언니는 첫애를 나보다 늦게 낳았으니까, 그 언니는. 또 한 언니는 둘째인데 이렇고, 나머지는 다 거의 첫애들이고 한데 한 언니는 둘째였어요. 오빠하고 좀 터울이 좀…, 언니가 늦게 낳았고 한 언니는 애가 안 생겨가지고 엄청 힘들게 낳은 언니였고, 그리고 나머지 둘은…, 제가 딱 중간이야. 다섯 명이서 둘은 언니, 둘은 동생. 내가 중간.

면담자　　　　초등학교는 어느 학교로?

재강 엄마　　　정지초등학교. 정지초등학교 나오고 원일중학교 나오고, 원일중학교는 우리 집 뒤에, 집 뒤가 원일중학교예요. 그래서 재강이는 학교 가기 전에 좀 편했죠. 바로 내려가면 되니까.

(전화로 잠시 중단)

재강 엄마　　　어머, 어떡하죠? 가야 할 것 같아요.

면담자　　　　네, 어머니. 여러 일정으로 바쁘신데 이렇게 상세히 말씀해 주셔서 너무 감사합니다. 오늘은 여기까지 하겠습니다.

재강 엄마 양옥자

2회차

2015년 12월 24일

1
시작 인사말

면담자   본 구술증언은 4·16 사건에 대한 참여자들의 경험과 기억을 기록으로 남김으로써 이후 진상 규명 및 역사 기술에 기여하고자 합니다. 지금부터 양옥자 씨의 증언을 시작하겠습니다. 오늘은 2015년 12월 24일이며, 장소는 안산시 단원구 글로벌다문화센터입니다. 면담자와 촬영자는 김아람입니다.

2
구술 참여 동기, 교육청 『416 단원고 약전』 제작

면담자   어머니 지난주에 못 여쭤본 거 먼저 여쭤보고 시작하도록 하겠습니다. 어머니 구술하시게 되었을 때 '어떤 이야기를 할까', 아니면 '자료를 남기니까 나중에 어떻게 활용되면 좋겠다', 혹시 생각해 보셨어요?

재강 엄마   아, 그거는 생각 안 해봤고, 제가 '이거 구술 작업 할 때 기억이 잘 날까?' 그게 좀 걱정되더라고요. 기억이 안 나는 부분도 좀 많이 있는 거 같아요, 잊어버리, 까먹고 생각 안 나니까. 그러다가 나중에 또 날 때 있고 그런 거 같아요.

면담자   이거 만들어지면 어떻게 쓰이면 좋을까요?

재강 엄마   제가 좀 그런 쪽에 이렇게 생각을 안 해봐서…, 나중에 뭐 어떻게 쓸까 생각을 안 해봐서 답을 못 하겠어요(웃음).

면담자   지금 기억하시는 게 시간 지나면 많이 잊어버리실 수 있으니까요. 저희도 일단 자료를 모으는 게 중요하다고 생각하고 있지만, 앞으로 어떻게 해야 되겠다는 것이 명확하게 정해져 있지는 않아요.

재강 엄마   그러니까, 그냥 뭐 한다니까 같이해 놓는 거죠.

면담자   맞아요. 자료를 일단 만들어놓고 나중에 책을 만들든 다른 방법들이 생길 테니까요. 어머님, 『약전』은 하셨어요? 이제 다 끝난 거예요?

재강 엄마   네, 『약전』 1월 11일 날 나온대요. 어제 교육청에서 와서…, 당직이었거든요, 잠깐 설명하더라구요, 졸업 일수 상관없이 『약전』은 그때 나온다고. 어떻게 배포할 건지, 한 가정당, 이게 1권에서 10권까지는 아이들이고 11권은 선생님이고 12권은 작가들의 이야기인가 그럴 거예요, 12권이니까 한 집당 두 질씩 보내준다고 하더라고요. 그래서 이걸 어떻게 배포할지, 택배로 보낼지 생각 중이라고 하더라구요. 그리고 분향소에 갖다 놔도 또 찾으러 안 오면은 일일이 또 받은 사람이 갖다줘야 되는데 이 많은 양을 또 한 사람이 갖다준다는 것도…. 아마 택배로 하지 않을까 싶어요. 각 가정으로 주소 해가지고 그게 제일 나을 거 같아요.

면담자   그렇죠. 혹시 『약전』 참여 안 한 부모님들도 계세요?

재강 엄마   그거까지는 저희들이 모르겠어요. 안 하신 분들도 있을 거예요. 우리[는] 졸업앨범도, 추모앨범 했거든요. 학본[학교본]하고 추모앨범하고 두 가지를 했는데 안 하신 분들이 있어요. 졸업앨범도 안 했는데 『약전』 하셨겠어요? 아마 안 하신 분들도 있을 거라고 믿어요.

면담자   『약전』 할 때 다 같이 모이거나 그런 거는 없으셨어요?

재강 엄마   『약전』 할 때는 그런 거는 없었어요. 왜냐면 그냥 정해진 작가하고 두 사람만 만났어. 그 사람들만 만나서 하는 거니까, 우리는 그때 작가님하고 한 번 만나고, 한 번으로 그냥 다 하셨더라구요.

면담자   그때도 어머님 인터뷰하셨겠네요?

재강 엄마   그때는 집에서 했었어요. 집에서 그냥 한 3시간 이야기했던 거 같아요. 그리고 그냥 작가님이 쓰셨더라구요. 작가분이 이제 써가지고, 작가 선생님이 써갖고 메일로 먼저 보내서 이제 프린트해서 봤거든요. 그냥 걔가 태어나서 살아온 그거니까…. 그런데 작가 선생님이 모르겠어요, 동화작가이신 분들은 동화적으로 쓰셨다고 하더라고요. 작가 선생님에 따라서… (면담자 : 그렇죠) 네, 네. 재강이는 남자 작가분이었어요. 잘 나오겠죠(웃음).

면담자   원래 1월 초에 다 완성해서 배포까지 되는 걸로 계획된 거였어요?

재강 엄마   네, 어차피 작년에 시작했으니까 『약전』은….

3
학교 활동 참여, 단원고 진학 이전 교육

면담자　　지난번에 재강이 학교 다닐 때 어머니도 학교 활동 많이 했었다고 하셨는데….

재강 엄마　　초등학교 때 했고 중학교 가서는 1학년 때 해주고, 3학년 때 그냥 크게는 안 했어요, 그때는. 시험 감독 그거 해주고 3학년 때는 학교 지킴이 해주고, 그러고는 고등학교 가서는 안 했어요.

면담자　　대표도 혹시 하신 적 있으세요?

재강 엄마　　아니, 저기 안 했어요. 대표는 안 했어요. 초등학교 1학년 때 이제 한 반에 대표 두 명씩 하는 거, 초등학교 때 그건 했었어요. 중학교 때는 안 해줬어요. 중학교 때는 그냥 시험 감독 이런 것만 해줬고.

면담자　　급식 당번도 해주셨어요?

재강 엄마　　아뇨. 재강이네는 초등학교 1학년 때는 집에 와서 밥을 먹었어요. 걔네가 3학년 때부턴가 2학년 때부턴가 급식을 했어요 재강이는, 바로 1학년 들어가서 안 하고. 재강이 동생 2학년 때 급식을 할 때, 한 한 달 선생님이 [해달라고 해서서 급식 당번을] 했어요. 그러고 나서는 담임선생님이 오지 말라고 하더라고요, 부모님들. 아이들끼리 이제 선생님이 데리고 하신다고 그래 갖고 부모님들 안 가고, 안 해줬어요. 그 재강이네는 3학년 때부터니까 자기네들이 했을 것 같아요, 자기네들끼리 선생님들이 데리고, 애들 데리고. 아, 고학년들이 와서 도와준다, 맞다.

면담자   고학년 애들이 와서 도와주고?

재강 엄마   네. 아, 재강이 동생도 1학년 때 했는데 그때는 이제 6학년들이 와서 해주고 걔네들하고 같이 밥 먹고, 그래서 이제 부모들이 안 가고, 2학년 때는 한 달만 해주고 끝났고, 그랬던 것 같아요. 재강이는 급식 당번은 해주러 안 가고 교통 봉사 같은 거. (면담자 : 녹색어머니회?) 네, 녹색어머니 그런 거 해주고. 재강이한테는 그냥 열심히 해줬어요(웃음). 동생은 안 해주고 재강이한테는 해줬었지. 공부하라고 잔소리도 많이 하고. (면담자 : 잔소리도 많이 하셨어요?) 많이 했죠, 공부하라고. 빡시게 시키기도 하고….

면담자   재강이 초등학교 때도 시험이 있었어요?

재강 엄마   봤었어요. 시험 봤었는데 3학년 때부턴가 봤었던 것 같아요. (면담자 : 그렇죠. 저학년 때는 안 했을 것 같아요) 네, 초등학교 3학년 때부터 중간고사 보고 기말고사 보고 그랬던 것 같아요.

면담자   시험 앞두면 공부 계속 시키셨어요?

재강 엄마   시켰다니까요, 공부하라고 시켰었어요. 아니, 재강이 제가 좀 많이 시켰어요. 막 초등학교 들어가기 전에 학습지 같은 것도 이것저것 시키고 책도 많이 읽히고, 재강이 초등학교 2학년 때인가 3학년 때까지 제가 책을 읽어줬어요. 재강이는 잠들기 전에 제가 책을 읽어줬었거든요. 초등학교 가서부턴 지가 읽으라고 했는데 엄마가 읽어주는 게 좋다고 해서 초등학교 저학년 때까지 읽어주고,

고학년 돼서 가끔 한번 엄마가 그냥 한 번씩 읽어달라고 하더라고, 그러면 이제 읽어주고. 애기 때는 항상, 저녁마다 책 읽혀갖고 재웠어요.

면담자　　　○○이랑 같이요?

재강 엄마　　　○○이는 먼저 자요(웃음). 같이 읽을 때도 있는데, ○○이는 애기 때 낮잠을 내가 안 재워갖고 (면담자 : 정말요?) 네, 22개월 지나고서부터는 ○○이 낮잠을 안 재웠어요. (면담자 : 그럼 ○○이는 초저녁이면 잤겠네요?) 7시에 자서 그다음 날 아침 7시쯤 정도까지 자요. 풀로 12시간 ○○이가 자는 거예요. 그렇게 재웠어요. 그래서 재강이 잘 때 제가 재강이랑 둘이 책 읽고 자고, 재강이는 한 9시 이럴 때 자니까. 이제 책 읽어서 재웠어요. 항상 저녁마다 집에 있으면 책을 읽혀서, 내가 읽고 지는 옆에서 보고 이렇게 했어요.

면담자　　　재강이가 공부를 잘했으면 좋겠다는 생각하셨어요?

재강 엄마　　　그렇죠, 그렇죠. 시키려고 했는데 그게 또 내 마음대로 다 안 되더라고요. 초등학교 때까지는 엄마 시키는 대로 다 했어요. 그런데 중학교 1학년 때까지는 그런대로 하더니 2학년 때부터는 안 하더라고. 제가 중학교 때까지는 공부하라고 잔소리하다가 고등학교 가서는 제가 포기를 했어요, 영어, 수학학원 간다고 하면 학원을 보내주고. 그래서 워낙 기본이 있어서 바닥은 안 치더라고, 완전 바닥은 안 치는데…. 수학은 재강이가 잘해요, 수학은 잘해. 우리 애들이 수학은 잘해. ○○이 같은 경우도 수학은 잘해. 재강이 같은 경우는 초등학교 말고 중학교 그 배치고사 볼 때도 잘 봤어요. 반에서 3등인가 하고 전교에서 22등인가 하고 들어갔어요. 재강이가 (면담자 : 잘했네요?) 예, 공부 잘했어요. 그런데 2학년 때 가서 잘 안 했다니까요(웃음). 2학년 때부터 안 하기 시작해서 3학년 때 가서도 안 하더라고. 그래서 3학년 때 담임선생님이 원서 쓰기 전에, 제가 재강이가 자꾸 공부를 안 할라 하니까 이제 우리는 항공고등학교를 보낼라 했었어요.

면담자   특성화고 중에 항공고등학교가 있어요?

재강 엄마   풍기, 영주 풍기에 있어요. 그래 갖고 풍기에 있으면, 풍기가 영주 옆이에요, 어머니 집 옆, 주말에는 거 가라고. 제가 항공고등학교 가라고 그랬더니 재강이는 여주농고를 간대요(웃음).

면담자   아예 그 학교를 가겠다고 재강이가 마음을 먹었어요?

재강 엄마   네, 농고를 간대요. 그건 안 된다고 [했지요].

4
고등학교 때 진로 고민과 친구들의 재강이 회고

면담자   그때부터 동물 좋아해서 그랬던 거예요?

재강 엄마   네, 가서 동물 키우고 농사짓고 한다고. 담임선생님도 계속 말리고 저도 좀 옆에서 말리고 [했지요]. 중3 때 여름에 저기 친정을 가갖고 조카가 그랬어요, 고등학교는 그래도 일반고등학교 나오라고, 특성화고 가지 말고. "니 대학교 가서 복수전공을 해도 되고 그리고 취미로 해도 된다"고 재강이를 설득을 해갖고 재강이가 "그럼 일반고를 가겠다"[고 생각을 바꾼 거예요]. 그런데 단원고를 가게된 거는 수학 선생님이 단원고를 가라고, 재강이가 이제 공부를 하면 성적은 나오는데 애가 이제 노력은 안 하니까 단원고를 가서 내신을 잡으라고, 내신을 잡으라고 [하셨어요]. 그래서 저는 이제 원곡고를 보내려고 했었어요. 그런데 지가 단원고를 간다니까 그럼 가라고, "어차피 뭐 네가 원하는 데 가야지 내가 가라 해갖고 또 나중에 잘못되면 [안 되니까]", 지가 원했으니까 그건 지 책임이지만 나중엔 엄마 책임이잖아요. 그래서 단원고로 원서 쓴 거죠.

고등학교 가서 친구들하고 만날 놀러 다니고 하느라고, 엄마한테 공부하러 간다 해놓고 어디 갔었는지는 모르지만, 엄마는 밖에 나가니까…. 그리고 인제 야자도 하다가 말다가…, 또 2학년 딱 올라오더니 사육사도 이제 안 한다 하더라구요. 1학년 때 담임선생님이 박육근 선생님이신데 같이 수학여행 가셨어요. 부장 선생님이셨어요, 같이 가셨거든. 그런데 그 선생님이 굉장히 반 아이들한테 참 선생님이 좋았어요. 재강이한테도 이거 안 된다고, 사육사 하면 생활이 안 된다고, 다른 걸로 하라고 계속 선생님이 말씀을 하셨나 봐요. 이거는 먹고사는 데 안 된다 이러니까, 그 겨울방학 때 되니까 엄마한테 좀 생각을 달리해야겠다고, 지가 다른 걸 좀 해야 되겠다고, 동물 키우는 건 취미로 키워야겠다고 그러더라고. 그래서 애가 말하면 나하고 싸움밖에 안 되니까 저는 이제 기다리고 한 발짝 물러나 있었고, 선생님이 계속하셨던 거예요. 2학년 때 되더니 "엄마 공부 좀 해야 되겠다"고, 야자하고 "엄마, 오늘은 수학이 너무 잘 풀렸다"고 막 와서 이야기를 [하더라고요]. 걔가 수학을 잘하니까, 수학을 좀 많이 하는 편이에요. 2학년 때 공부 좀 한다고 마음을 먹고 열심히 좀 한다는 거 같았는데(웃음), 그렇게 이제 가게 됐죠, 뭐. 재강이 같은 경우는 머리 회전력 같은 건 좋아요. 단지 딱 노력을 안 하죠. 제가 초등학교 때 너무 많이 시켜서 그런가 봐.

면담자   중2 때부터 특별한 계기가 있었던 건 아닌데 재강이가 공부를….

재강 엄마   안 하더라고요. 네, 집중도 못 하고 그러더라고요. 1학년 때는 그냥저냥 했어요, 1학년 때는. 그런데 2학년 때부터 좀 안 하더라고요.

면담자   어머니 속상하셨겠네요.

재강 엄마   그때는 많이 싸웠죠, 재강이랑. 근데 싸워갖고 될 일도 아니니까, 제가 이제 자꾸 제 마음을 내려놨죠. 아빠도 그렇고, 아빠도 그냥 내버려 두라고, 안 하는 걸 어떻게 하냐고….

면담자   중학교 때는 학원 안 갔어요?

재강 엄마   학원은 아니에요. 재강이는 제가 좀 빡시게 시켰다고 했잖아요. 초등학교 때는 과외도 시키고…, 제가 미친 짓이죠. 그게 다 지금에 와선 [후회가 돼요]. 그래서 동생은 아무것도 안 시켰어요, 동생은. 영어학원만 보내고는 아무것도 안 시켰어요. 그냥 문제집 사다 주고 풀으라고 지 스스로 하는 습관을 길러줬고, 재강이는 제가 선생님하고 이렇게…. 중학교 때도 수학 같은 거에도 과외 붙여

주고, 제가 초등학교 6학년 때는 기타도 개인교습 시켜주고, 초등학교 6학년 때는 영어 선생님도 과외 붙여주고, 재강이가 중학교 1, 2학년 때까지는 과외를 했던 거 같아요. 그러다가 학원을 가고 싶다고 해서 그럼 학원으로 보냈더니 다니다가 이제 어느 정도 하니까 지가 또 영어 같은 건 학원 다니기 싫다고 하더라고요. 그러다가 지 혼자 해보겠다고 하더라고. 하다가 또 안 되니까 학원 가겠다고 하더라고요, 그럼 보내고. 1학년 [때는 학원] 갔다가 영어 같은 경우는 한두 달 쉬다가 또 가고 뭐 이런 식으로…, 그러니까 꾸준히는 안 해도 그냥 손 놓지는 않았어요, 학원이랑 이렇게. 영수만, 다른 거는 손 [놓아도] 이렇게 나중에 지가 하려면 영수만 잡아놓으면 지 마음먹으면 공부를 할 수는 있으니까, 제가 그것만은 그냥 하라고 학원이랑 보내고 했었죠.

면담자　　　공부 잘하다가 안 하니까 어머니도 엄청 속상하셨겠어요.

재강 엄마　　　그러니까 엄청 속상했죠, 제가. 좀만 노력하면 되는데 안 하니까 또 속상해 갖고 재강이랑 싸우기도 싸우고 뭐 이제 안 되더라고요. 지가 하고 싶어야 하고 지가 욕심을 내야 되는 거지 엄마가 욕심을 내갖고는 안 되더라고. 그럼 저녁에도 자라 하면 책 읽고 앉았고, 책 보다가 자버리는데…, 책 보다가 자고 아니면 뭐 핸드폰 보다가 자고…. 재강이 방에는 뭐 어차피 컴퓨터가 없었으니까 평일에는 지 방에서 게임을 못 하지, 동생 방에 컴퓨터가 있었으니까. 방학 때 같은 때는 가끔 동생이랑 방을 바꿔서 잠을 자곤 했는데, 일단 평일 때는 뭐 못 바꿔 자죠, 동생이 지 방에서 자고 있으니까. 자고 있고, 지는 그냥 지 방에서 그냥 자고.

면담자 게임 좋아하거나 그러진 않았어요?

재강 엄마 게임 좋아했어요, 좋아하죠. (면담자 : 안 좋아하는 애들이 없으니까) 아니 친구들, 일요일 같은 날은 친구들 만나러 뭐 교회도 간다고 아침 일찍 나가요, 주말에는. 그럼 친구들 만나고 뭐 보면 PC방 같은 데도 갔다 오고 하는 거 같더라구요. PC방 같은 데 많이 좀, 고등학교 가서 많이 가는 거 같더라구요. 애들하고 노래방도 가고 뭐.

면담자 애들 노는 게 노래방 아니면 PC방이죠. 가족들끼리는 중학교, 고등학교 가서도 방학 때마다 영주에 가셨어요?

재강 엄마 아니, 휴가를 아빠가 받으니까, 영주를 가든 아니면 함양을 가든 휴가를. 아, 우리는 명절이고 애들을 다 데리고 가요, 집에. 우리가 움직일 때는, 그 이야기 했어요, 다 같이 움직이는 거라고. 이제 뭐 평일에 제사 있을 때는 애들이 학교 가면 애들끼리 내버려 두고 밥만 해놓고 가면 우리가 새벽에 올라와서 제가 챙겼지만, 그 외에는 다 같이 움직일 땐 시골 가는 거라고, 다 같이 갔어요. 애들만 집에 내버려 두고 어디 간 적은 [거의 없어요], 우리가 어디 갈 때, 어디 뭐 친구 모임 갈 때나 아니면. 우리가 또 재강이 수학여행 가기 전에 작년 3월에 아빠하고 제가 어디 해외여행 갔었거든요, 애들만 내버려 두고. 이제 재강이가 있으니까 맡겨놓고 가는 거예요. 재강이가 있으니까 여동생하고 이렇게 하루 치, 이틀 치만 반찬 해놓고, 밥이랑 해놓고 데워 먹으라 하고, 나머지는 빵, 아침에는 대체 식품 빵, 점심은 각자 밖에 나가서 먹으니까. 그럼 저녁은 돈을 냅두고 둘이서 같이 먹으라고 했어요. "동생이랑 먹어라", 뭐 이런 식으로 해놓고 그러고 갔다 왔었죠(웃음).

면담자   그게 언제였어요?

재강 엄마   작년 3월, 우리 사고 나기 한 20일 전이었던 것 같아요. 사고 나기 전에 갔다 왔었는데, 재강이가 친구들 데리고 와서 우리 집에서 잤다더라고. 그때 알았으면, 이제 그게 나중에 알았죠, 재강이 친구들이 이야기하길래. (면담자 : 그때는 모르셨어요?) 갔다 와서는 몰랐었어요. 아니 흔적도 없이 싹 다 치워놨으니까 몰랐죠. 나중에 알았죠, 갔다 와서 나중에, 친구들이 이야기해서.

5
여행 추억

면담자   어머니 기억나는 추억 있으세요? 집에 있을 때 말고 여행 가시거나 그랬을 때?

재강 엄마   나는, 우리 같은 경우는 애들 데리고 대부도도 자주 나가고 아니면 장고도[충남 안면도 남서쪽에 있는 섬]. 아버님 돌아가시고 나서, 재강이 6학년 때 아버님이 돌아가셨는데 다음 해부터는 1년에 한 번씩 장고도를 갔던 것 같아요, 가족 다. 아버님 돌아가시고 나서, 돌아가시기 전에는 재강이 6학년 때일 거예요, 그게. 그때는 우리 식구끼리만 갔었어요. 우리 네 명이 이제 장고도에 들어가서 놀다가 왔는데 되게 좋더라고요, 섬인데 그게. 그래서 그다음 해에 어머니랑 시댁 식구들 다 같이 갔다 오고 이제 그렇게 1년에 한번씩 그렇게 갔다 왔던 것 같아요. 재강이 고등학교 1학년 때까지 한 4년 동안 시댁 식구들끼리 장고도를 1년에 한 번씩 매번 갔던 것 같아요. 애들 또 장고도 간다고 하면 좋아하니까, 애들도. 왜냐면 막 바닷가 가서 줍고 캐고, 아빠랑 저 위에 막 캘 때 재강이[는 갯벌] 바닥에 앉아서 ○○이랑 캐고 했었으니까.

그런 곳도 갔다 오고, 고등학교 1학년 때 여름휴가 때는 우리가 함양을 갔었어요. 함양 지리산 자락에 갔었는데 우리 조카가 콘도를 얻어줬는데 방이 너무 큰 거야. 거기서 우리 식구랑 엄마, 우리 오빠네 부부랑 이렇게 자고, 조카네는 아침에만 와서 놀다가 밤에는 가고, 애기가 있어서. 콘도 빌려준 데 그 옆에 또 풀장이 있고 바로 밑에 계곡이 있고 이런 데서 놀았거든요. 그리고 다음 날은 다른 데로 옮겨 가서 또 자고. 그랬더니 조카사위가 내년에 또 오라고 [하더라고요]. 애들이 이제 재강이 2학년 때 여름휴가를 함양으로 가자고 [해서] 우리 그럼 그러자고 [하고], 매형보고 방 잡으라고 하라고, 방 잡아달라고 하라고, 방 잡아주면 우린 가겠다고 [했는데] 근데 그 휴가는 못 간 거죠, 우리는. 계속 함양으로, 애들이 함양으로 가자고 [했어요].

휴가 같은 거는 그렇게 갔다 오고, 거제도도 갔다 오고, 애들 데리고 뭐 휴가는 항상 어디 그 계곡을 가든 시댁 쪽을 가든 친정 쪽에서 가든, 아니면 친정 쪽에서는 엄마 모시고는 재강이 고등학교 때가 처음이고, 안 그러면 우리가 거기서 하루 저녁 자고 거제도 가서 놀다가 하루 저녁 자고 올라오고 이런 식이었거든요. 애들 거제도도 휴가로 뭐 두 번 데리고 갔던 거 같아요. 한번은 온전한 우리 가족만 그냥 네 명이서 딱 가서 조용하게 놀다가 오고…. 저는 그게 되게 좋았던 것 같아요, 네 명이서 갔을 때. 항상 우린 시댁 식구들하고 다 같이 가니까, 그래서 제가 도저히 안 되겠어서 얘네 아빠보고 "우리도 이제 네 명이서 한번 움직이자" [해서 그렇게 갔더니] 되게 편하고 좋더라고요, 네 명이서 가서 뭐 누구하고 부딪치는 것도 없이 딱 온전하게 우리 아이들만 보고.

그 작년 1월인가 또 구정 전에 우리가 화천에 산천어 낚시를 갔다 왔었거든요, 네 명이. 산천어 낚시를 갔을 때도, 그때는 제가 이제 애들보고 그랬어요. "우리 네 명이서 1박 2일로 가는데 너희들이 정해라" 그랬더니 둘이 인터넷으로 찾더니 산천어 낚시를 가재요. "그럼 가자" 그래 갖고 우리가 춘천 지나서 가평 쪽에 아빠가 갔는데 거기는 마음에 안 든다 그래 갖고 화천까지 들어갔어요. 가서 그냥 잘 데가 없으니까 전화, 인터넷 찾아갖고 그냥 일단 뭐 민박집 같은 데 자고 밥은 다 사 먹고, 거기서는 처음에는 물고기가 안 잡히니까 재강이가 "아, 재미없다" 그러더니 나중에 고기를 엄청 많이 잡았어요. 제가 이제 물고기를 못 잡으니까 재강이가 와서 물고기 빼주고 앉아가지고 가만히 앉아 있는 거거든. 잡아가지고, 오전에 잡아가지고 우리 그걸로 회도 떠 먹고 매운탕도 끓여 먹고 또 소금구이도 해 먹고 그렇게 먹고 놀다가 오후에 또 잡아가지고, 다음 날 아빠 출근해야 되니까, 내려와야 되니까, 이제 출발해서 오는데, 비가 와갖고

재강 엄마 양옥자

옷이 다 젖었는데, 거기가 지나오다 보면 춘천을 지나와요. 춘천에서 영주까지 1시간 조금 더 걸리면 가거든요. 재강이가 영주로 가자는 거야.

이제 그 다음다음 날이 할아버지 제사인가 그래. 구정하고 한 며칠 사이가 아니었어요. 그래 갖고 제가 "내일모레 갈 건데 뭐 하러 또 가냐"고, 됐다고 그냥 집으로 가자고 그랬더니 할머니 집으로 가자고, 고기 가져가서 거기 가서 마당에 가서 구워 먹으려고…, 우린 항상 시골에 가면 마당에 가서 구워 먹으니까. 내가 다음에 내년에, 내년에 산천어 낚시 또 가자고 이제 약속할 때 그땐 할머니도 오시라 해갖고 같이 가자고 그랬더니 애들이 아 그러자고, 그러면 내년에 할머니랑 [같이 오자고 했어요]. 낚싯대랑 다 보관하고 있거든요, 아빠 공장에. 공장에 갖다 보관해 놨거든, 다시 간다고. 이게 한 개에 5000원씩인가 이렇게 주고 사는 거니까, 낚싯대 해갖고…. 집에 와서 재강이 아빠 친구 부부 부르고, 그 집에 와선 소금구이를 해 먹었어요. 재강이 아빠가 구웠어요.

그런데 재강이가 친구 만나러 간대요, 밤에. 한 그때 8신가 이렇게 됐나 봐. 친구 만나러 가는데 자기 이거 한 마리 주면 안 되내요, 구운 거. 요 앞에 공원에 간대, 친구들한테 가서 자랑할라고, 갔다 왔다고. 그래서 구워갖고 줬어요. 가져가서 먹고 왔더라고. 우리도 집에 와서 또 다시 그 친구분들하고 구워서 소주 한잔하시고, 마시고.

면담자　　　　진짜 많이 잡혔나 봐요(웃음).

재강 엄마　　　되게 많이 잡았어요, 많이 잡았었어요. 거기 온 사람들 많이 잡았어요. 근데 이제 화천도 이 시내 쪽에서 한 게 아니고 우리는 간동면이라는, 그 면 소재지로 들어갔었거든, 골짜기로. 많이 잡아갖고 왔었죠.

6
수학여행 준비

면담자　　수학여행 가기 전에는 준비 좀 하고 그랬어요? 옷 사 달라고 하거나.

재강 엄마　　네, 옷 샀어요. 재강이가 수학여행 가기 전에 옷을 후 드 집업하고 남방을 샀는데, 사고 한 번도 안 입었어요. 수학여행 가서 입을려고 그랬는지 안 입더라고. 할머니가 재강이 수학여행 간다고 돈을 주셨었어요, 주라고. 그리고 어머니가 재강이 용돈을 주셔 가지고 뭐 그것도 있고 하니까, 지 옷도 사고, 옷 사갖고 안 입고(한숨). 또 수학여행 간다고 옷을 사고, 그 가기 전에 또 지 이제 기본적인 옷이 있으니까 지는 이제 그것만 산다고 하더라고, 그 옷을 사달라고 하더라고, 아디다스 저지 있잖아요. 그걸 옷 사러 나가갖고 나한테 전화가 온 거야, "엄마, 나 아디다스 저지 하나 사면 안 되냐?"고 그래서 "아 그냥 지금은 그것만 사고 가라"고 그랬더니 "알았다"고, "그러면 그다음에 엄마 나 수학여행 갔다 오면 블랙야크 아웃도어 옷을 한 벌 사달래"요. 그래서 내가 "그럼 진작 이야기하지. 누나한테 전화해서 그냥 옷을 보내라 하지" 그랬더니 그럼 수학여행 갔다 와서 사자고 [해서] 그러자고 그러고….

수학여행 갈 때는 지 친구 재킷을 하나 빌려 왔더라구요. 그래서 내가 "뭐 하러 빌려 왔냐?"고 그랬더니 "왜?" 그러더라고. "아니 남의 옷을 왜 빌려 오냐?"고, "네 옷만 가져가면 되지" 그랬더니 아니라고…. 그런데 제가 수학여행 가는데, 우리 집에선 보통 이제 반바지를 입고 자니까 제가 반바지만 싸줬어요, 잘 때 입으라고. 긴바지를 안 싸줬어요. 그런데 (울먹이며) 나는 배에서 그렇게 춥다는 생각을 안 했어요, 배에서 자는 거에 대해서. 반바지에 반팔 이런 것만 입고 자라고, 왜냐면 어디 가면 더우니까 (면담자 : 그렇죠) 그렇게 자라고, 이제 옷 쌀 때 우리는 항상 애들 어디 갈 때, 재강이도 어디 갈 때 가는 날까지 제가 다 싸서 정리를 딱 해서 주거든요. 이렇게 파우치 해 갖고 이거는 속옷 통, 이거는 또 양말하고 수건, 파우치에 딱 넣어가지고, 가방은 옷을 탁탁 이렇게 싸고 그 또 화장품 같은 거 이렇게…. 예를 들면 칫솔 같은 거 다 정리를 딱 해서 가방을 제가 방문 앞에 놔둬 주거든요. 수학여행 간다고 뭐 초콜릿 샀는데, 재강이는 초콜릿에 아몬드 들어간 걸 싫어해요, 오로지 딱 온리[only] 초콜릿만. 그래서 초콜릿을 엄청 많이 사 가는 거야. 그래서 제가 제주도 가서 사 먹으라고 그랬더니 아니 엄마 돈으로 사줘(웃음).

면담자　　그것까지 다 가방에 같이 싸주셨어요?

재강 엄마　　네, 다 넣어주고 음료수 한 개랑, 재강이는 다른 과자는 안 사 가고 초콜릿만 사 갔어요. 그 전에 시장 갔을 때 ABC 초콜릿 큰 거 있잖아요, 그걸 한 봉지 사다 놨더니 작다고. 수학여행 가기 전날 제가 다른 집, 아는 집 가게에 가서 커피 마시고 있었더니 애가, 저는 그날도 야자하고 오는 줄 알았어요. 그래서 아빠하고 저만 밥 먹으면 되니까 '그냥 천천히 집에 가서 밥을 해야 되겠다' 하고 남의 집에서 수다를 열심히 6시 넘게 떨고 있었죠. 그랬더니 재강이가 [저를] 데리러 오는 거예요, 아빠가 집에 들어와 있으니까, 제가 밥을 안 하고 나왔으니까. "너 야자 안 하고 왜 왔어?" 그랬더니 "어 엄마, 아빠가 엄마 여기 갔다고…. 근데 엄마, 내일 수학여행 가서 공부 안 된다고 오늘은, 그래서 담임선생님하고 이야기하고 교생 선생님하고 사진 찍고 놀다가 왔다"고 하더라구요. "엄마, 저기 초콜릿도 사야 되고" 또 재강이 도마뱀이 이름이 도롱이에요 도롱이, "도롱이 밥도 사야 되고", 그래서 시장 가자고 하더라고요, 빨리 밥해 먹고. 제가 있었던 집이 삼겹살집이에요. 그 엄마가 "아 그럼 그 고기 여기 가져가라"고, 이렇게 "살코기만 골라줄게 가져가라"고. 그랬더니 제가 또 민폐 끼치는 거 싫으니까, 아니라고 어차피 초콜릿 사러 가야 되니까, 시장 가야 되니까, 부랴부랴 올라와서 저녁에 순두부찌개 끓여주면 재강이 잘 먹거든요, 순두부 끓여갖고 밥 먹고 치우고 둘이 시장 갔었어요, 밤에.

재강이 도마뱀 밥도 사고 초콜릿도 조금 더 사고 음료수랑 사갖고 들어와서 가방이랑 다 싸주고 제가 그날, 다음 날 수학여행 가는 날 아침에 제가 새벽에 나가야 됐었어요, 6시에 나갈 일이 있어 갖고. 제가 또 그날 아침밥을 제가 안 챙긴 게 조금…. 아빠가 마지막 밥을 챙겨준 거예요. 아빠가 마지막 밥을 재강이한테 이제 챙겨줬는데…, (울음을 참으며) 아빠가 아침에 챙겨주고 밥 먹고 가고, 아빠가 수학여행 갔다 오라고 또 용돈 줬다더라구요. 저한테 갈 때 그러더라구요, "엄마, 제주도 초콜릿 사 오겠다"고, 다른 사람 친구들도 사다 주고, 뭐 자기가 초콜릿이 어디가 싸고 맛있는지 원곡고등학교, 원곡 애들 갔다 와서 자기가 정보 다 입수해 놨다고….

재강이 중3 때 선생님이 유××선생님이시라고, 재강이가 졸업하고 해양중으로 갔다가 그다음 해에 이 중앙중으로 오셨더라구요. 오셨대요, 다시. 그래 갖고 재강이가 선생님이 그쪽으로 왔다니까 어버이날, 아니 스승의날 선생님 찾아간다고 수학여행 가기 그 전주 금요일인가 하여튼, 요일은 잘 모르겠어요, 그 전주에 그 선생님 계시는 데를 다녀왔대요. 단원고에서 조금 내려와 갖고 그 은혜와진리[교회], 화랑유원지 쪽에서 쭉 직진해서 가면 그 중앙중이 있거든요, 있잖아요. 자전거 타고 왔더래요. 선생님이 그러시더라구요, 자전거 타고 선생님 계시는 곳을 확인하러 왔다고, 확인해야 스승의날 친구들 데리고 온다고. 그러니까 답사 간 거예요. 선생님 만나서 재강이가 이제 차도 사드렸다고 하더라구요. 선생님이 "내가 사줄게" 했더니 시골에서 할머니가 수학여행 가라고 용돈 주셨다고, 그래서 자기 돈 많다고…. "선생님 제가 수학여행 가면 다른 사람들은 다 초콜릿 사다 주는데 선생님은 기대하고 계시라"고, 선물로 사 오겠다고 선생님한테 그래 갖고 선생님이 이제 그게 너무 고마웠다고 다른 선생님한테 막 자랑했다더라고요, 제자가 이렇게 답사 왔다고, 스승의날 온다고…. 선생님 만날 "오지 마, 오지 마" 이러셨다고 하더라구요.

재강이[가] 이야기할 때 보면 재강이가 수다를 좀 떨어요. 얘기를 학교 갔다 오면, 지 그런 이야기를 조금씩 하거든요. 그래 갖고 "엄마, 갔다 왔다"고, "선생님 만나고 왔다"고, 그렇게 자기가 하고 왔다고 그런 얘기 저한테 하거든요. 그리고 그 선생님은 중학교 해양중 갔을 때도 스승의날 재강이가 애들 끌어모아 갖고 가기로 했는데 재강이네가 늦게 마쳐갖고 이렇게 밖에서 만났나 봐요. 재강이는 제일 늦게 갔대요, 만나는 장소에. 선생님이 특별히 너는 내 옆에 앉으라고 [하셨다고] 막 재강이가 그런 이야기 해주거든. 그 선생님도 그러더라구요, 고맙다고. 재강이가 그렇게 찾아와 주고 해서 그 선생님이 재강이 사진을 찍었더라고, 그때. 찍자고 해서 재강이가 안 찍으려고 하는 거 찍었다고 하더라구요. 이렇게 액자에 넣어갖고 오셨더라구요. 넣어갖고 제가 어디 갔다 올 때 저희 집에 주고 가셨더라고. 우리 집이 학교, 중학교 앞이거든요. 그러니까 선생님이 대충 아세요. 선생님들이 우리 집이 학교 코앞인 거 아시거든.

그런데 재강이가 딱 1년에 한 번씩, 학교에 8시 10분까지 들어가야 하잖아요? 입실해야 하잖아요? 그런데 1년에 한 번씩 지각을 했어요. 선생님이 학교 가면 제일 가까운 데 있는 사람이 지각한다고 [그랬나 봐요]. 그리고 나서 제가 신경을 좀 쓰면 안 늦거든요. 빨리 가라고 그러면 "엄마, 2분이면 간다"고 [늦장 부리고 그랬어요]. 재강이가 성격이 급해요, 저처럼. 우리 집에서 내려갈 때 후다닥 뛰어서 담 넘어서 (웃음) (면담자 : 딱 그 시간 맞춰가지고) 네, 그래 갖고 학교를 갔거든. 중학교 때는 가까웠죠. 고등학교 때는 단원고니까 버스를 타고 다녀야 된다는 제 생각이었는데 지금 보니까 걸어 다녀도 되겠더라구요, 제가 왔다 갔다 해보니까. 그런데 저는 '밤까지 차 타고 다녀야 돼?' 그 생각을 했었거든.

재강 엄마 양옥자

면담자	그래서 네 명이 택시 타고 다녔다면서요.

재강 엄마   네, 자기들끼리 택시 타고 다니더라고요, 올 때는 걸어오고.

면담자   할머님이 재강이 입학할 때나 수학여행 간다고 할 때도 챙겨주시고 용돈도 많이 주시고 그러셨나 보네요?

재강 엄마   손주잖아요, 맏손주잖아요. (면담자 : ○○이한테는?) 아니 ○○이도, 어머니 주셨어요. 다른 손주들도 주시긴 주셔요, 용돈 다 주셔요. 재강이 수학여행 간다니까 제가 그때 제사 지낸다고 내려갔더니 어머니가 주시더라고. 재강이 같은 경우는 다른 애들에 비해서 조금, 작은아버님들도 그렇고 조금 더 주죠. 그러니까 맏손주고 또 애가 제일 크니까, 조카들, 손주들 중에서. 지도 그걸 알죠. 근데 친정에 가면 똑같이 줘요, 친정은. 그래도 불만은 안 가져요. 지네가 거기 가서 건져 오는 게 많으니까(웃음).

면담자   수학여행 가는 날에 학교 수업을 하고 밤에 출발을 했던 거죠?

재강 엄마   네. 저는 그 수업하고 가는 게 아닌 줄 알고 배 타고 간다기에 내가 아는 엄마한테 도시락을 싸줘야 하나 어째야 되나 그랬거든요. 가다가 점심을 먹어야 할 거 아냐. 항상 애들이 수련회를 가든 수학여행을 가든 밥을 쌌거든요, 점심은. 밥을 쌌었어요, 얘네들. 그래서 이거도 밥을 싸야 하는 줄 알고 "아이고 밥을 어떡하지? 내가 밥을 쌀 시간이 없는데" 그러는데 재강이가 "엄마 수업 마치고

가, 밤에 가", 밤에 배 타고 간다고 하더라고요. "그래? 그러면 밥
은?" 그랬더니 "배에서 먹어" 그래서 내가 "그래?" 그러고 가방만 제
가 챙겨주고.

7
마지막 연락, 그리고 참사 당일의 진도체육관과 팽목항의 기억

면담자　　　다 같이 아이들 배웅 가고 이런 건 없었어요?

재강 엄마　　그건 안 했어요, 학교로 [보내기만 했고]. 제가 알바했
댔잖아요? 갔다 와서 재강이가 통화만 했죠. 그때 제가 6시 넘어서
했을 거예요. 그러니까 재강이가 안개가 껴서 못 가고 집에 올 수 있
다더라고요. "그래? 그러면 집에 오겠네" 했는데 안 오는 거예요, 9시
가 넘어도. 그래서 전화를 했는데 안 받더라고요. 문자를 했더니,
아, 카톡을 했더니 가고 있다고 톡이 왔더라고요. 수학여행 가는 날
아침에 아빠가 용돈을 줬더니 좋아 가지고 저한테 "다녀오겠습니다"
톡을 보내고 갔더라고요, 재강이가. 그게 재강이랑 톡은 그게 다예
요, 그냥. "잘 가고 있니" 뭐 그냥 제가 했으니까 자기가 가고 있다
고, 그러니까 잘 갔다 오라고, 많이 보고 놀고 오라고….

　　다음 날 아침에 저는 아무 생각 없이 일하러 갔죠. 근데 재강
이가 전화가 온 거예요, 8시 46분에. "엄마, 인터넷 검색 실시간 1위"
라고, 배가 사고 나고 있다고, 그래서 제가 "어 그래?" 그래서 애가
나랑 통화를 했었으니까…. 해상 사고에 대한 아무런 인지가 없었어

74
•
재강 엄마 양옥자

요. 사고 나갖고 애는 멀쩡하게 나하고 통화를 하니까 그냥 집에 온다는 개념을 가졌었어요. "어 그래 알았어, 그러면 조금 있다 보자"고 그냥 알았다고, 그리고 전화를 끊고 9시 44분에 애가 또 다른, 지 전화기가 아닌 친구 전화기로 전화를 했더라고요. "엄마, 배가 좀 기울어졌는데 물이 들어오고 있어. 엄마, 가방도 저 위에 있고", 신발도 없다더라고요. "어떻게 가냐"고 [하길래] "그럼 그냥 오라"고, "어떻게 하냐고 신발이 없는데" [했지요]. 그때도 저는 배 타고, 아니 나오는 줄 알았어요. 그리고 "엄마, 지금 헬기가 와서 구조하고 있다"더라고, 재강이가. 구조하고 있다니까 저도 이제 별생각이 없었어요. 그냥 헬기가 왔으니까 구조해서 나오나 보다, 그럼 "신발 없으면 그냥 오라"고 그리고 이제 전화를 끊고 있었는데, 10시 넘어서 이제 제 아시는 분들이 계속 전화가 오는 거예요, 뭐 하냐고 배가 그렇다는데. 아니 재강이랑 좀 전에 통화했다고 괜찮더라고 그랬더니, 아니 그래도 그러면서 막….

○○이도 전화가 왔었어요, 학교에서 담임선생님 폰으로. ○○이 담임이 학교라고 ○○이 울고 있다고, ○○이가 막 울면서 전화한 거예요, 저한테. (울먹이며) 그래서 "아니 좀 전에 엄마 오빠랑 통화했다고 괜찮다"고, 나는 그때가 괜찮은 건 줄 알았으니까…. 10시 반 쯤 안 돼서 내 조카가 전화가 와갖고 "이모 지금 그러고 있을 게 아니고 빨리 가보라"고, "그게 아닌 거 같다"고 그래서 재강이 아빠한테 그 전에 전화를 했어요. "텔레비전을 좀 보라, 내가 못 보니까 상황을 봐라" 그랬더니 자기도 테레비가 없다는 거야. "인터넷으로 어떻게든 좀 보라" 했더니, 그러다가 안 돼갖고 "빨리 나 데릴러 오

라"고, 가자고 그래서 재강이 아빠 일하는 데랑 이쪽에 5분만 오면 되니까, 재강이 아빠가 이제 데리러 와갖고 11시 안 돼서 단원고로 갔어요.

가는 와중에 문자가 오더라고 단원고에서, "전원 구조됐다"고. 단원고 지금 들어가는 그 뭐지? 애들 교실 들어가는 거기 4층에 올라가는 강당에 올라갈라 하는데 여자 선생님 한 사람이 나와서 "어머, 어머님 구조 다 됐어요, 구조 다 됐대요" 그러더라고. "어, 그래요?" 그러고 강당에 올라갔는데, 강당에 올라가서 조금 있다가 보니까 우왕좌왕 난리가 난 거예요. 전원 구조가 오보라는 둥 진도로 가야 된다는 둥 거기서 이제 막 난리가 난 거예요. 아빠는 차를 가지고 끌고 간다는데 안 된다고 내가 "2차 사고 난다. 시청에서 버스 온다니까 버스를 타자" [해가지고] 아빠가 차를 안전한 곳에 냅두고 올 테니까 일단 있으라더라고요. 갑자기 저는 너무 스트레스를 받으니까 경련이 한 번씩 오더라고요. 배가 아파 죽겠는데 경련이 오니까, 배가 아파 가지고 [그 상태로] 버스를 탄다고 교문 앞에 나갔어요. 차가 왔는데, 그때도 되게 우왕좌왕했어. 교문 앞에서도 많은 사람들이 와가지고 차 탈려는 사람들, 버스는 모자라고 막…. 나 아는 엄마가 먼저 들어가서 자리를 잡았고 나는 이제 뒤에 들어가고, 그 차를 탈까 말까 하다가 좌석이 없는 거야, 다 벌써 사람이 타고. 그 엄마가 한 자리 잡아놓은 거랑 조수석 있잖아요? (면담자 : 버스 맨 앞자리?) 예, 그 두 자리밖에 없는 거야. 재강이 아빠 거기 앉고, 저는 여기에 앉았었어요. 그래 둘이 앉아 간다고, 그렇게라도 가자고 출발하자고 제일 앞차를 탔어. 단원고에서 나와서, 기껏 나와서 화랑유원지 있는 데 모아갖고 차가 서더니 뒤에 또 차가 있대. 그래서 재강이 아빠가 그럼 우리 뒤차를 타재. 그런데 거기서 한참을 기다려도 차가 안 오는 거야. 안 된다고, 우리 자리에 누가 앉았는데 다시 원위치 하자고, 다시 이제 해갖고 그 차를 타고 진도를 내려갔죠.

내려갔을 때가 이미 5시가 넘었잖아요. 내려가는 과정에도 막 그 재강이 친구 폰으로 계속 전화했는데 전화를 안 받더라고, 신호는 가는데. 아빠랑 둘이서 계속 그 번호로 전화를 하는데 신호는 가는데 전화를 안 받는 거야. 그 차 타고 같이 나 아는 애는 생존자예요. 걔는… (면담자 : 연락이 됐어요? 내려가는 중에?) 걔는 배 타고 나왔다고 연락이 왔던 거야. 그런데 재강이는 배에 있을 때만 나랑 통화했잖아요. 나왔다는 소리는 못 했잖아요. 그런데 걔 이야기 듣고 나니까 나는 불안해지는 게 뭐냐면 걔가 나왔으면, 재강이가 나왔으면 나한테 전화를 했을 텐데 애가 안 나왔다는 거잖아. 그러고 이제 가다가, 걔가 지 엄마랑 다시 또 통화를 하는데 재강이가 옆에 없다는 거야. 우리는 불안하게 나는 내려가고 있는 상황이고, 근데 우린 전원 구조에서 중간 갔을 때 오보라고 뒤집혀졌잖아요.

처음에는 애들 배 타고 몇 명이 온다 하길래 '그 속에 있겠지' 생각을 했었어요, 백구십몇 명이 오고 있다는, 그 다른 데 섬에 있다가 온다 하길래 '그쪽에 있겠지. 통화를 나랑 전화기가 없어서 통화를 못 하겠지' 그 마음에 갔는데 나중에 가서 보니까 거의 다 갔을 때 없다 하고, 또 차웅이가 올라온 거야. 제일 1번으로 차웅이가 올라왔잖아요. 차웅이가 올라오는데, "아이고 저 엄마는 어떻게 하니" 그렇게 말하고 내려갔었어요. 내 아이도 그렇게 됐다는 생각은 못 하고,

그냥 '저 엄마는 어떻게 하니. 그래도 내 아이는 어디서 섬에서 오겠지' 하고 가다가, 어떻게 이제 상황이 뒤집어지고, 진도체육관에 가서 생존자 명단을 딱 봤는데 재강이가 없는 거예요. 재강이가 없어서 체육관에 잠깐 들어가서, 들어가서 앉았다가 안 되겠더라고. 아빠랑 팽목항에 들어가자고, 어차피 섬 근처를 가야 되니까. (훌쩍이며) 시간은 잘 몰라요, 우리 그때 핸드폰이 배터리도 다 나가가지고.

이제 팽목에 들어가서, 들어갔는데 너무너무 추워요. 추웠어요, 그날. 그래서 담요를 한 장씩 받아가지고 들어가 가지고 있는데 막, 우왕좌왕, 그때도 우왕좌왕이지 뭐(한숨). 팽목 이렇게 뚝방 쪽에 이렇게 서서 아빠랑 있다가, 아빠가 이제 해경 배가 들어간다고 자기는 거기를 들어가 보겠대요. 잠깐 가보고 온다 하는 사람이 안 오는 거야. 제가 봤을 때는 한참 지나도 안 오는 거야. 나는 동거차도에서 거까지 1시간 반 걸려서 들어간다는 사실을 생각을 못 했어요, 동거차도에서 거기까지, [아니] 팽목에서 [거기까지]. 잠깐이면 들어갔다 나오나 했는데 안 오고, 안 오고…. 그날 밤에 천막을 한 몇 동을 쳤는데, 다 들어가고 나니까 들어가야 앉을 자리가 없는 거야. 겨우 어떤 사람, 어떤 엄마 뒤에 앉았다가 재강이 아빠가 언제 올라나 싶어서 밖에 나와서 또 핸드폰 배터리 충전도 좀 하고 재강이 아빠랑 겨우 통화했는데 들어갔다가 나오는 중이라는 거야, 그때도 한참이 지났는데. 그런데 재강이 아빠 친구분들이 오신다더라구요, 두 분이. 음, 새벽에 12시 넘었을 것 같아, 그때가. 재강이 아빠 친구들 만나고, 좀 있으니까 재강이 아빠가 왔더라고요. 왔는데, 재강이 아빠가 "좀 기다려보자"고, 지금 들어갔는데 "작업은 안 한다", "일은 안 하

재강 엄마 양옥자

고 아무것도 없다"고, "배도 없고 조명탄만 쐬고 있다, 쏘고 있다"고, 해서 둘이 이제 날이 샐 무렵 되니까 우리 둘이가 어디 앉을 데도 없고 비는 오고…. 재강이 아빠가 체육관으로 일단 가자더라고요, 체육관으로.

둘이 체육관에 와서 보니까 체육관도 사람이 많더라고요. 체육관에 와서 어디에 그냥 자리를 잡아서 앉았었어요, 거기 앉아 있었어. 그 자리 잡은 게 이제 우리는 재강이 올 때까지 그 자리에 앉았던 것 같아요. 둘이 그러고 앉아 있었죠, 뭐. 크게 기억은 많이 안 나요, 뭘 했었는지 기억도 안 나고. 그러고 나서 그날 오후 되니까 이제 재강이 큰외삼촌하고 외숙모가 왔고, 할머니가 아, 고모가 ○○이 데리고 그날 내려오고…. 또 제가 ○○이 데리고 내려오라고 했거든요, 혼자 집에 냅두기도 그렇고 하니까. ○○이 가방 싸들고 내려오고, 그러고 나서 그게 이제 17일, 뭐 18일, 그날도 뭐 크게 하는 게 없으니까 저는 계속 거기 앉아만 있었던 것 같아요.

후회스러운 게 뭐냐면 다른 엄마들, 팽목에 있었으면 내가 막 이렇게 움직였을 텐데 체육관에서 그 반경만 돈 거야. 팽목 나가봐야 된다는 생각을 못 했던 거예요. 재강이 아빠만 왔다 갔다 하고, 저보고 그냥 여기 있으라니까 그냥 가만히 있었던 거야, 18일 날도 그러고 있었고. 재강이 할머니 오시고 뭐 재강이 저희 집안에 어른들, 고모님이랑 뭐 고모부님, 사촌 고모랑 뭐 다들 삼촌들이랑 그날 저녁에 작은아버님이랑 오셨더라고요. 오셨는데 뭐 뾰족한 수가 없잖아요, 우리가. 그러고 뭐 재강이 아빠가 금요일 날 저녁에 막, 바지선 탈, 배가 가야 되는데 가실 사람이 없다고 방송을 하더라고. 재강이 아빠보고 빨리 가라고, 들어갔다 오라고 그랬더니 밤에 재강이 아빠가 들어갔어요. 팽목 들어가서 들어갔다가 나와갖고 그다음 날 토요일 아침에 나보고 그러더라고. 그때까지 말 안 하다가 토요일 날 아침에 딱 나한테 그러는 거야. "어… 포기를… 해야 될 것 같다"고…(울음). 그때 되었을 때는 우리 부모들도 포기는 다 했었잖아요. 포기를 해야 된다고 하면서 재강이 아빠가 자기는 안산을 갔다 와야 되겠다는 거야. 재강이 아빠가 회사원이 아니고 자영업이거든요, 자영업을 하니까…, 그날 그냥 그러고 나왔잖아요. 아무것도 못 하고 나왔으니까 올라가서 정리를 좀 해놓고, 사무실 일 진행 과정을 정리를 하고 내려오겠다고…. 우리는 그때 계획이 재강이 아빠가 올라가면서 그러는 거야. "니는 재강이 찾을 때까지 여기 있어야 되고", 재강이 아빠는, 우리는 몇 개월을 생각을 했어요.

토요일 날 어머니도 가시라고, 어머니도 영주로 가시라고, 어머니 가서갖고 집을 정리하시고 안산으로 올라가시라고, ○○이도 계속 내가 진도에 못 데리고 있으니까 며칠만 더 데리고 있다가…. 거기서 바닥에서 애를 또 데리고 잘 수가 없는 거야, 애도 그 바닥에 쪽잠을 데리고 자야 되니까(울음). 안 될 것 같아서 그 쪽잠 자는 거 나만 자면 되겠지 싶어서 ○○이도 어머니[한테] 올려 보낼 테니까 어머니가 데리고 학교를 보내고 [하시라고…]. [○○이] 데리고 올라가라고, 어머니 안산으로 올라오시라고, 정리해서 어머니는 올라오시고, 재강이 아빠는 왔다 갔다 하는 걸로 전제로 하고 나는 재강이 나올 때까지 거기 있기로 하고 아빠가 올라갔어요, 토요일 날. 올라가고 또(한숨) 거제도에서 재강이 아빠 친구분들이 오셨더라고, 밤

재강 엄마 양옥자

에 재강이 아빠 없는데. 밤에 오서가지고 그분들 왔다 가고, 내 친구들도 왔다 가고 했는데….

8
진도대교 행진

면담자 그렇게 정리하시고 난 다음에는 진도에서 쭉 계셨겠네요.

재강 엄마 일요일, 아니 토요일 날 밤에 우리가 걸었잖아요, 진도대교까지. 근데 막 걸으러 나갈라 할 때 어떤 할머니하고 여자가 싸웠어요. 그게 그분들이 유가족이 아니었어요. 우리 나갈려는 걸 뭐지? 잠시 그거 하는 거야, 시간 끄는 거예요, 밖에 자기네들 경찰들, 그 의경 애들 (면담자 : 대치선 만들려고?) 만들려고. 우린 그런 거까진 모르잖아요. 부모들이 이 방송 다 거짓말이라고 할 때 막, 또 우리는 욱 나가다가 잠깐 그 사람들, 몸싸움하는 사람 사이에 한 2, 30분 지체가 된 거야. 그러고 나서 부모가 아니라는 거 알고, 어떻게 나는 그런 사람들을 참 구해다가 그렇게 시켰는지 이해를 할 수도 없고…. 그러고 진도대교 걷는다고 나갔었어요. 나는 그때 신발도 잃어버렸었어요. 내가 신고 간 신발을 잃어버린 거야. 토요일 날에 없어졌나 봐. 우리가 제일 가에, 끝에 칸에 여기 앉아 있었는데 내 신발을 누가 가져간 거예요. 신발이 없어 갖고 혹시 다른 사람, 저는 그래서 도둑맞는다는 생각을 못 했어요. 한번 쫙 돌아봤는데 내 신발이 없는 거야. 내 신발이 또 다른 사람들 신발하고 틀리니까, 워킹화니까, 색깔도 티 나고 해서 찾는데 없더라고.

계속 슬리퍼 신고 다니다가 그날 나갈 때 재강이 외숙모 신발을 신고 나갔어요. 신발이 없어 갖고 그걸 신고 갔는데 이렇게 걸어가면서, 막 우리 그 갈 때 아이들 이름도 부르고 그랬거든요. 부르면서 내가 오늘 저녁에 걷고 나면 재강이가 나한테 올 것 같은 느낌이 들더라구요. 아, 내가 아까 까먹은 게 뭐냐면, 16일 날 새벽에 내가 꿈을 꿨어요. 재강이 태몽이 뱀 꿈이에요. 뱀이 내 뒤꿈치를 물었는데 16일 날 아침에 아무런 꿈도 없이 딱 뱀 한 마리가, 새까맣게 탄 뱀 한 마리가 있잖아요, 내 앞에 딱 온 거야. 나는 거기에 의미는 안 뒀었어요, 한참 뒤에 생각이 나더라고. 그게 재강이가 내 곁을 떠나간다는 선몽이었던 것 같지 않나, 선몽이지 않았나 싶은 생각…. 그게 뒤에 생각났어요. 그때는 그렇다는 생각을 안 했어요, 그때까지는. 진도대교 걸어갈 때 제가 그랬잖아요, 내가 걸으면 재강이가 나올 것 같은 막 생각이 드는 거야, 내 마음적으로. 우리가 계속 거기서 몇 날 며칠 거기서 먹지도 못하고 자지도 못했잖아요. 걸으면서 졸려 죽겠는 거야, 그래서 잠깐 쉴 때 이렇게 난간에 앉아서 쉬면 앉아서 졸다가….

다른 사람들은 막 가족끼리 나와서 걷는데 저는 혼자 나갔잖아요, 아빠는 안산에 올라와 있고. 우리 반 애 엄마랑 같이 걸었었어요, 제가 그때. 뒤에 앉으신 분이 우리 반이라는 걸 알고 그 엄마랑 이모랑 셋이 뒤에 따라 걸었거든. 그분들하고 같이 걸었기 때문에 그나마 걸었을 수도 있었어요. 진도대교 다 왔을 때 딱, 다른 길 쪽에 바리게이트[바리케이드], 그냥 의경들이 쳐져 있었잖아. 지금 저기 6반의 동영이 아버님이 진도 고향이에요 그분이, 후에 알았지만. 거 길로 안 가고 옆으로 돌아가자고 그러더라고. 옆으로 돌아왔더니 진 도 구길인데 얘네들이 다시 일로 와서 바리게이트를 또 친 거예요. 그런데 아빠들이 먼저 섰었는데 나중에는 이걸 바리게이트를 못 뚫 으니까, 의경들이 딱 서 있으면 못 뚫잖아요, 우리가. 엄마들이 앞장 서라더라고, 엄마들이. 앞장서서 어쨌든 뭐 얘네들하고 싸우든 어쨌 든 막 산을 산, 그 막 이런 데 풀밭 같은 거 있잖아, 막 그런 걸 헤치 고 막 들어갔어요, 넘어갔어. 걔네들을 뚫었는데, 우리 이쪽을 뚫으 면 뭐 하냐고 뒤쪽에 또 있는데. 우리 이렇게 삼각형으로 이게 구길 가는 길, 신길 가는 길, 대교에서 오는 길, 여기 삼각형, 여기서 우리 를 몰아넣은 거죠 부모들을, 더는 여기서 더는 못 나가게. 거기서 이 제 막 11시 정도까지 대치를 했었잖아요. 해수부 장관을 끌고 나오 라 했더니 우리 아빠들이 체육관에 가서 이야기를 하자는 거예요. 거기 들어갈 일이 아닌데, 여기 끌고 나와야 하는데 그래야 담판을 짓는데…, 우리 참 단원고 아빠들이 물러요. 엄마들이 안 된다 해도 끝까지 아빠들 그 고집에, 그 고집을 부리던 아빠가 우리 반 준우 아 빠였어요. 와서 보니까 또 우리 반 준우 아빠야, 준우 아빠가 들어가 자고.

9
재강이 수습과 DNA 확인

면담자   체육관 다시 돌아가자고 하셨군요.

재강 엄마   네, 가서 만나자고, 끌고 오자고. 다 다시 들어왔죠, 이제. 들어와 갖고 제가 잠깐 잤나 봐요. 한 2, 30분 또 눈을 붙였나 봐, 그때 와서. 2, 30분 눈 붙이고 딱 눈 뜨니까 잠이 안 오더라고 또. 멍하게 앉아 있었더니 건너편에 있던 5반의 준민이 엄마가 막 쫓아오더라고. "재강이 엄마", 중학교 때 알던 친하진 않았지만 얼굴은 아니까, 쫓아오더니 "재강이 엄마, 내 아는 사람이 바지선을 탔는데 거기 이름이 다섯 명이 나왔어요" [하면서] 이름을 썼어. 그런데 제일 밑에 이거 허재강 아니냐는 거야, 애들 나온 애들 중에. 그때가 1시 안 됐었어요. "긴 거 같다"고, 나는 눈도 막 침침하고 그러니까 조카들보고 보라고 했죠. "여기 이름 봐라 재강이 같다" 그랬더니 걔네들도 재강이 같대요. 그래서 우린 가방을 쌌죠, 짐을 챙겼죠. 재강이 이모하고 동생이랑 재강이 사촌 누나랑은 거 있으라 하고, 일단 가서 확인을 해야 되니까, 해경에서 저희한테 전화 온 게 아니니까.

　남자 조카가 있었어요. 걔가 부산에서 차를 가지고 왔었으니까 빨리 차 갖고 문 앞으로 오라고…. "재강이 나온 거 같다"[고] 재강이 아빠한테 전화했더니 다 왔다는 거예요, 내린다는 거야 곧. 그럼 그래서 재강이 나온 거 같다고 팽목으로 들어가야 되니까 거기서 있으라고 [하고], 그래서 우리가 나가갖고 재강이 아빠랑 차 타고 팽목항 들어가는 과정에 저기가 전화가 왔더라구요 해경에서, "허재강 학생 나왔다"고. 재강이는 크로스 백을 메고 나왔어요. 지 이름표, 학생증, 학생증을 가져가야 얘네가 식권으로 밥을 먹으니까, 지 이름표랑 학생증이랑 지 지갑이랑 다 크로스 백에 넣어갖고 나왔으니까. 갔는데 도착은 아직 안 됐더라고요. 동거차도에서 찾아갖고 나오는 중이래요, 4시 지나야 온다더라고. 거기 가서 또 1시간 넘게를 팽목항에서 기다렸었어요. 기다렸는데 4시 지나니까 애들이 왔어요, 애들이 왔는데….

　그 간이 천막을 그때는 쳐놨었어요. 간이 천막을 쳐가지고 애들, 아이들을 확인하는 과정이었는데, 하얀 천에 그렇게 아이들을 싸가지고 왔으니까, 이렇게 들어갔는데 우리가 문을 열고 들어갔더니, 여기 네 명 있고 여긴 한 명이 있는 거야. 그런데 얘네들이 돌기를 이렇게 돌아서 아이들 얼굴을 보라더라구요, 머리 [쪽으로] 돌아가면서. 그런데 딱 들어감과 동시에 난 재강이가 딱 보이더라구요. 얘가 재강이라고 이렇게 딱 가니까, 해경들이 아니 이렇게 [정해진 방향으로] 돌으라 하더라고. 그래서 아니라고 얘 내 아들 맞다고, 얘가 우리 아들이라고…. 재강이를 4시 넘어서 4시 반 가까이 돼서 재강이를 봤어요. 재강이가 (흐느끼며) 크로스 백을 딱 메고 나왔더라고 보니까, 양말도 안 신고. 이미 그때는 아이는 살아서 내한테로 온 게 아니잖아. 재강이를 받아가지고, 재강이가 56번을 달고 나온 거예요, 56번. 빨리 나온 거지. 나는 이제 그것만으로도 고맙더라고(울음). '늦게 나오면 어떻게 하나' [했었으니까] 그것만으로도 고마워 가지고 그냥 얘한테 고맙다고, 얘한테 와줘서 고맙다고…. 아니 애를 내가 안아서라도 보내줘야지, 내가 안아보고라도 보내줘야지. 안 안아보

85

2회차

고 딱 보내줄 수가 없는 거야. 엄마한테 와준 것만 해도 너무 고마운 거야, 애가(울음).

재강이를 만나가지고 DNA 채취를, DNA 검사를 해야 되니까 병원을 가라는 거야, 목포로. 한국병원 가라고 [해서] 한국병원으로 왔죠. 구급차 타고 올 때는 아빠랑 나랑 이모랑 셋이 타고, 이제 나머지는 다 그 재강이 사촌 형 꺼, 형 차 타고 목포로 왔어요. 우리 조카가 진도에서 팽목 갈 때 막 애가 떠는 거야, 운전을 하는데 막 떨고 가는 거야. 그래서 제가 뒤에 앉아서 천천히 가라고 "××아 빨리 안 가도 돼. 천천히 가", 얘가 막 바들바들 떨면서 가는 거야. "××아 천천히 가자, 천천히 가자" 이제 그러면서 왔어요. 한국병원, 이제 구급차 타고 왔잖아요. 왔는데 우리 딱 들어오니까 우리 반 아빠가 구급차에서 애를 내리지 마라는 거예요, 지금 먼저 온 애들 DNA 채취할려고 기다리는 애들 지금 땅바닥에 방치되어 있다고. 그 이야기 듣고 재강이를 못 내리잖아요, 구급차에서. 조카가 있으니까 뒤에 지키라고, "못 내리게 지키라"[고 했지요].

진짜 들어가 봤는데 애들 막 바닥에 이렇게 (한숨 쉬며) 기다리고 있더라고요. 그 아버지는 새벽에 와갖고, 새벽에 왔다든가? 하여튼 우리 갔을 때 그러는 거야. 새벽에 왔다든가 그 전날 왔다든가, 여지껏 기다리고 있다는 거예요. 그런데 우리가 갔을 때가 지금 몇 시예요. 우리도 저녁때 한 6시, 7시 다 됐을 거야. 갔는데 DNA, DNA 채취하시는 분 검사관인가? 검시관인가? 그분도 어떻게 할 수가 없는 거야. 부모들이 막 이렇게 되니까, 왔다가 재강이 뒤에 차는 왔다가도 다른 데로, 다른 병원으로 간다고…. 목포병원하고 두 갠가 됐었어요. 다른 병원으로 간다고 가버리지, 자기도 뭐 앞에 지금 DNA 검사가 안 되니까 다들 이러고 기다리지, 이러니까 안 되니까 그분이 다른 대책을 세운다고 막 부모님들하고 한참 실갱이를 벌이고 있는 과정이더라고, 우리가 갔을 때는. 막 그분도 펑펑 우시더라고요. 남자분이신데, 자기도 어떻게 할 수가 없다고….

최종 결정 내린 게, DNA 채취만 하고 사인, 발인 안 하는 사인을 하고 아이들을 데리고 올라가는 걸로 그렇게 된 거예요. 그래도 우리는 "아직은 내리지 마라", "DNA 채취하러 들어갈 때 내려라" [하고 있었는데] 계속 그 전에 막 구급차에서 애들 내려야 된다는 거야. 재강이 아빠가 "내 애 맞다. 니네가 DNA 검사 채취 안 해도 내 새끼다. 너네 지금 빨리 안산으로 이대로 올라가자"[고 했지만] 얘네들은 안 하잖아요, 구조대원들은. [그러니까 재강 아빠가] "니네가 운전 안 하면 내가 운전한다"고 [했었어요]. 조카는 못 내리게 하니까 얘네는 손은 못 대죠, 우리가 못 내[리게 하니까]. 아빠는 "내가 운전한다. 그럼 느그 놔둬라" [하면서] 막 싸우고 이렇게 하다가 11시 넘어서 DNA 채취를 했어요. 재강이 앞의 애가, 55번 애가 부모가 없었던 거야, 또. 안 왔던 거야, 누군지도 모르고. 그러니까 걔는 또 DNA 채취가 늦어지는 거예요. 우리가 먼저를 한 거야.

DNA 채취를 하는 데도 시간 많이 걸리더라구요, 재강이. 걔보다 이제 걔가 부모님이 없으니까 우리가 먼저 한 거예요. 재강이 같은 경우는 내가 진도에서 DNA 채취했는데 내 게 이제 검사가 안 나왔었나 봐요. 아빠보고 다시 하라 했나 봐요. 아빠도 DNA 채취하고 재강이도 DNA 채취하고, 그리고 11시 넘어서 안산으로 올라왔어요. 나는 발인을 우리는 안 한다는 생각으로 왔어요. 와서 냉동고에 재강이를 보관하고 진도에 내려간다는 생각으로, 조카하고 올케언 니를 가라 했어요. "발인할 때 전화할 테니까 와라. 지금은 안산 올 라와도 필요가 없다"[고] 보내고, 시청에서 택시를, 아, 동생하고 이 모하고 누나가 올라와야 되니까 택시를 해준다고 하더라고요. 그러 면 해달라고, 안산으로 어차피 구급차는 아빠랑 나랑만 타야 되니 까….

시청 직원이 내가 갔을 때도 어디 가고 없었어. 왜냐하면 우리 올 때 또, 팽목 아니, 목포병원으로 오는 과정에 [전화로 물었더니] 안 산에 장례식장이 없다는 거예요. 그래서 경기도 안산 근처 뭐, 의정 부까지도 갈 수 있고, 그래서 우리는 "의정부까지 못 간다", "집이 안 산인데 어딜 가느냐?"고, "안산 외엔 안 간다" 그러고 왔는데 안산시 청이…. 직원을 찾으러 다녔어, 내가 그 병원을 또 휘젓고 다녔어요, 목포병원을 찾아야 되니까. 뭐 나중에 어디서 뭐 나타났더라고요. 우리는 "장례식장 안산으로 달라"고 그랬더니 "아, 있다"고, 장소가 몇 군데 이렇게 다섯 군데 중에 고르라고 하더라고요. 서안산장례식 장이 우리 집에서 제일 가깝더라고요. 재강이 아빠가 거기 하자더라 고, 거기가 집 옆이니까. 어쨌든 뭐 우리가 또 움직일 상황이 생기지 않겠어요? 거기를 잡고 재강이를 데리고 [안산으로 올라왔죠]. 나도 바보 같은 게 장례식장을 잡았는데, 그럼 발인을 한다는 거 아냐, 지 금 생각해 보니까. 그렇죠? 그런데….

재강 엄마 양옥자

10
장례, 친구들의 운구, 하늘공원 안치

면담자　　장례식장은 냉동고나 이런 게 따로 있진 않으니까요.

재강 엄마　　그렇죠. 나는 지금, 지금 생각하니까 그러네! 조카랑 올케언니랑 발인 안 한다고 보내버리고, 거기서 우리는 올라오고. 새벽 3시 넘어서 안산에 왔죠. 왔더니 재강이 작은아빠들하고, 작은 아빠 두 분하고 작은엄마랑 고모랑 먼저 와 있더라고요. 와서 기다리고 있더라고요, 우리를. 재강이 장례식장에 안치하고 나서 방, 호실을 잡고, 그 방에서 조금 새벽에 잠깐 쉬었다가 아침에 제가 집에 와서, 집에 가서 재강이 이모랑 재강이 사촌 누나, 동생을 데리고 장례식장에 데리고 왔었거든요. 오고 빈소 차리고…. 그날 오후부터 재강이 친구들이고 뭐 손님들이 왔었죠. 왔는데 나는 사실 누가 왔다 갔는지도 모르겠고, 좀 잘 몰라요….

다음 날, 다음 날은 내가 막 병원 갔다 오고 이래 갖고 누가 왔다 갔는지…, ○○이 선생님도 오시고 재강이 중학교 때 선생님들도 많이 오셨거든요. 제가 다 손님 접대를 못 했어요, 제가. 못 하고 재강이…, 거기서 있을 때 재강이 1학년 때, 중학교 1학년 때 선생님이 서울로 전근 가셨거든요. 1년만 딱 가르치고 가셨는데, 그 선생님이 오셨더라구요. 어떻게 알고 오셨더라구요. 재강이하고 헤어진 지 4년 지났잖아요. 그 선생님이 오서가지고 계시더라고. 그런데 그때는 또 인사를 안 했는데 지나고 보니 되게 고맙고, 그 선생님(한숨), 그 선생님이 재강이 1학년 때 되게 예뻐하셨고 가실 때까지 재강이한테 "재강아 공부 열심히 하자" 막 안아주면서 재강이한테 그렇게 하셨던 선생님이셨거든.

입관하기 전에 그 장례식장에서 전부 집에 가서 재강이 옷을 한 번 갖고 오라고 하더라구요. 왜냐면 요즘은 옷 태우는 게 안 되니까 재강이 입관할 때 옷을 한 벌 넣어주겠다고 그래서 제가 집에 가서 재강이 수학여행 갈 때 안 가져간 옷, 바지 하나랑 티 하나랑 속옷이랑 갖다가 재강이 입관할 때 같이 넣어줬거든요. 입관하고 올라오면서 제가 몸이 좀 안 좋아 갖고 병원 갔다 오고 그날 저녁은 일어나질 못했으니까, 다음 날 아침에 일어났어요. 그리고 우리가 와가지고도 서울시, 사실 장례 절차가 어떻게 되는지 하나도 몰랐어요. 우리는 재강이를 수목장 한다고 생각했었어요. 나도 매장도 싫고 그래서 재강이 동생이랑 셋이, 아빠랑 상의를 했었어요. 수목장을 하자고 그러니까 재강이 아빠는 수목장을 하기 위해서 알아보고 어디는 땅값이 얼마고 경기도 근처에 한다고 막 알아보고 했는데, 서호[추모공원]에서 나한테 접근이 들어왔는데, 서호로 재강이를 납골당 오라고 [해서] 안 간다고, 우리는 매장할 거라고 이야기하지 말라고 [했어요]. 그 사람이 두 번 다시 이야기는 안 했는데 발인하기 전날 저녁에 재강이 아빠가 그러는 거예요. 그거 아니라고, 아니라 한다고, 서호, 효원, 하늘 세 군데 중에서 안치해야 된다고 그래서 하늘공원이 안산이니까 거기다 하자고 그러더라구요. 그럼 그러자고, 안산이면 뭐 우리가 편하게 움직여야 되니까. 뭐 평택이고 또 하나는 거기는 화성이잖아요. 화성이고 하늘공원이 안산이니까 그렇게 하자고 [했지요].

그러고 재강이 아빠 친구들이 다음 날 재강이 발인할 때 재강이를 이렇게 해준다고, 뭐지? (면담자 : 운구?) 운구한다고 기다리니까 재강이 친구들이 지네가 해주겠다는 거(울음). 우리는 그래서 그 생각은 못 했었거든요. 운구하는 것 그런 것, 아빠 친구들도 아빠들이 한다고 생각을 알았는데, 재강이 친구들이 계속 개네들이 와 있는 거야. 올라간 날부터 그다음 날도 오고, 발인한 날도 지네가 와서 운구를 하겠다고 그래서 그러면 [아빠] 친구분들이 "그러면 너네가 해라"고, "너네가 운구하라"고, 왜냐면 친구니까. 그래서 개네들이 운구를 한다고 하고 단원고, 운구할 때 단원고에 들렀다가 연화장으로 가잖아요. 연화장에서 또 다시 우리 하늘공원으로 이렇게…. 연화장에서 하늘공원으로 갈 때도 누군지는 모르겠어요. 지금 내가 물어보질 않았는데 재강이 친구가 재강이를 안고 갔거든.

하늘공원에 갔을 때 우리가 빨리 나왔으니까 우리가 자리는 고르기 좋잖아요. 처음에 영석이 옆에 5층을 할려다가 아, 좀 높다 싶어서 네 번째 칸을 했어요, 영석이 대각선 밑으로. 했는데 지금 제일 밑에 칸은 사용 안 하잖아요. 그래서 재강이가 3층에 있는 거나 마찬가지잖아. 그래 갖고 재강이가 들어가려고 했던 자리가 동혁이가 들어왔더라고, 재강이 위에 자리지. 재강이를 하늘공원에 두고…. 재강이, 그렇게 됐을 때 재강이 친구들이 막 문자도 오고, 올라올 때도 또 어떻게 알았는지 재강이, 그 생존자 아까 그 엄마 아들 말고 재강이 친구가 절친 친구가 있어요, 생존자. 개가 많이 울면서 전화가 왔더라고, 재강이한테 오겠다고. 근데 아버님이 말리셨다고 하더라고요, 아버님이 대신 오셨다고. 개는 재강이 장례식에는 안 왔었거든요. 개가 재강이 49재 때 왔더라고, 아버지랑 같이.

재강이를 제가 발인하고 저기 절에다가 모셨거든요, 여기 청룡
사라고, 안산대학교 뒤에 있는 절에다가. 수원에 봉화사를 찾아갔는
데, 봉원사인가? 수원 [봉녕사]에 갔는데 너무 절이 커서 나는 부담되
더라고. 그래서 수원에 내 친구가 거기 알아봐 줘서 거기 가보래서
갔는데 절이 너무 커갖고 부담스러워서 안산으로 넘어왔어요. 청룡
사는 내가 한 번 가봤던 데라서 거기 가보자고 이제 갔어요. 갔는데
재강이 아빠도 여기 조그마하니 그냥 스님도 여스님이고 해서 괜찮
다고 여기 모시자고 해서 거기다가 재강이를 모시고⋯. 재강이가 거
기 스님이 처음에⋯, 다른 건 다 스님이 그냥 해줬어요. 해주고 (한숨
쉬며) 49재 같은 것도 이야기하시더라고요, 절에서 그냥 해주겠다
고. 재강이 나간 날로 한다고 하더라고요. 그렇게 하자고, 재강이 혼
자만 하는 게 아니고 같은 날 여기 오는 친구들은 다 하겠다고 하더
라고요. 그러시라고⋯, 왜냐면 나 단독으로 하게 되면 스님이 못 해
주니까. 다 같이 절에서 비용은 안 받고 다 해주겠다 하시더라고요.
그러자고 하고 왔어요.

　　그리고 와가지고 뭐 우리는, 나는 재강이 삼우제를 안 해줬어요.
그냥 제가 마트에 가서 음식, 시장 봐다가 뭐 다른 사람들은 뭐 장례
식장에서 삼우제 음식을 만들어서 받아가지고 했다는데, 그리고 뭐
저기, 저기 애들 있는 데 갔다는데, 우린 그렇게는 안 하고 시장 가
서 제가 과일 조금 사고 그냥 나물하고 밥해 갖고 제가 아침, 삼우날
아침에 재강이 방에 차려줬어요. 차려주고 우리는 그날 8시 차를 타
고 아빠랑 진도를 내려갔었어요, 삼우날. 진도를 그날 당일로 갔다
가 올라왔어요. 우린 가는 게 아니었는데 간 거야.

면담자   왜 그런 생각이 드셨어요?

재강 엄마   갔는데, 우리는 아이를 찾아갖고 올라왔잖아요. 찾아 갖고 올라왔는데, 안 찾으신 분들한테 좀…. 팽목을 들어갔더니 우리 반 이수빈 엄마가 그래도 그 엄마가 씩씩하게 우리는 다…, 애들을 찾고 있으니까 애들을 찾아야 된다는 일념으로 있잖아요. 그러니까 그 엄마가 그래도 나와서 우리를 만나주고, 그래서 찾고 오라고 먼저 가서 안산에 가서 있겠다고 하고 올라왔었거든. 그때도 수빈이 엄마가 고마웠고…. 그리고 우리는 올라와서 처음에는 애들이 분향소가 아니고 올림픽기념관에 안치, 영정 사진 됐었잖아요. 그러고 나서 4월 말에 옮겼잖아요. 화랑유원지로 옮기고 나서 재강이 아빠가 나를 끌고 화랑유원지로 나가기 시작했죠, 그때. 그 전에는 저도 집에만 있고, 아빠도 뭐 잠깐 나갔다가 회사 볼일은 봐야 되니까 한 2시간 잠깐 나갔다가 오고…. 그리고 또 제가 동생을 4월 말까지 데리고 있었으니까 집에, 동생하고 있고 그랬으니까, 그 하루하루 지냈던 것 같아요. 그러고 뭐 "진도 가자" 하면 또 차 타고 따라가고, 절에 또 일주일에 한 번씩 그냥 절에 가고, 가서 49재 지내주고, 재강이 49재 지내주고…. 그리고 우리가 서명 다니고 막 그랬던 것 같아요, 서명 다니고 [4·16]특별법 때문에 또 움직이고….

사고 당일 오보와 혼선

면담자　　　당일에 어머니 학교에 오셨을 때는 강당으로 먼저 가셨잖아요. 그때까지 오보인지 확정되지 않았었던 때였던 거죠?

재강 엄마　　아니, 제가 아까 이야기했잖아요. 저기 문자도 오고, 강당 올라가는데 여자 선생님 하나가 나와서 "전원 구조했다"고 얘길 했잖아요. 강당 올라가 갖고 조금 있으니까 이제 이게 아닌 것 같다는, 전원 구조 아닌 것 같다는 부모님들 생각에 의해서 진도를 내려가야 됐다고.

면담자　　　그런 말들이 오고 갔던 거예요?

재강 엄마　　에, 그런 거죠. 처음에 올라갔을 때는 "전원 구조"라고 했었어요. 지금 그 체육관에 올라갔었을 때, 아니 그 강당에 올라갔었을 때 "전원 구조"라고 거기서도 이야기했었어요.

면담자　　　버스 와서 갈 때도 버스가 한꺼번에 여러 대가 온 게 아니고….

재강 엄마　　처음에 한 대인가 두 대 오고 뒤에 또 내려오고 이랬던 것 같아요.

면담자　　　서로 타시려고 그랬었어요?

재강 엄마　　아니, 개인 차 갖고 오신 분들도 있고, 몰라서 늦게 오신 분들도 있고 막 있었잖아요. 그러니까 아까 조수석까지, 저도 자리 제가 못 맡았다고 했잖아요. 다른 엄마가 올라가서 앉아가지고 그 하나 맡아놓은 거 그거, 재강이 아빠는 조수석에 앉아가 그래 갖고 내려갔죠.

면담자   그 과정을 학교에서 누가 인솔하거나 했었나요?

재강 엄마   학교에서는 인솔 안 했죠. (면담자 : 아예?) 네. 그냥 기사 아저씨하고 부모님만 다 타고 내려갔잖아요. 그리고 앞에 백차 한 대, 경찰차 한 개 내려갔어요, 경찰차 한 대가. 그런데 그 경찰차 왜 내려갔는지 이해가 안 가요. 아니 버스가 알아서 가는데, 뭐 그렇다고 고속도로 가는 데서 길 막아줄 것도 아니고, 뭐 우리가 고속도로 막히는 곳 가는 것도 아니고…, 이해를 못 하겠더라니까. 그 경찰차가 규정 속도 뭐 버스가 지켜서 가지…, 그 경찰차 앞에 한 대 갔어요, 에스코트 안 해줘도 되는데 그때. 따라와서 버스가 그러면서 몇 대가 내려갔는데, 몇 대가 내려갔는진 잘 모르겠어요. 어느 휴게소 가서 다 같이 한 번 쉬고, 화장실 갔다가 한 번 쉬고 바로 팽목까지 갔었어요.

면담자   버스를 타고 내려가시는 동안에도 믿기지가 않으셨겠네요? 어디인가에 재강이가 있을 거라고 생각하고….

재강 엄마   네, 섬에서 나오는 애들이 있다고 했잖아요. '섬에서 나오는 애들이 있으니까 그 사이에 내 아이는 있겠지. 재강이는 있겠지' 생각을 했죠.

면담자   내려가시는 동안에 뉴스를 언제 처음 보셨어요?

재강 엄마   텔레비전은 틀고 갔죠. 텔레비전은 틀고 가도 완전 오보라는 이야기는 안 했잖아요. 애들이 몇 명은 나왔고, 몇 명은 지금 먼저 섬에서 나오는 중이라고 방송을 했잖아요. 그래서 4시 넘어서인가? 섬에서 나오는 애들이 없다고, 이거 오보가, 이거 아니라고…. 막 그때도 한참 이게 안 맞았어요.

면담자   숫자가 계속 안 맞았잖아요?

재강 엄마   네, 숫자가 계속 안 맞았어요. 그래 가지고 딱 체육관 들어갔을 때 생존자 명단 외에는 나머지는 없다는 걸 그때 안 거죠. 그게 다 비어 있다는 걸.

면담자   버스에서도 같은 반에 아는 분들 없었어요? 자리 맡아 준 분 말고는?

재강 엄마   걔하고, 옆에 같이 앉아 간 엄마가 중학교 때 알던, 얼굴만 본 엄마들, 옆에 같이 앉아가 간 엄마는. 뒤에 [앉은] 그 생존자 그 엄마는 초등학교 1학년 때부터 같이 모임을 했던 엄마고. 그래서 이 아이도 못 나왔으니까, 내 옆에 앉아 있던 아이… 그 집도 아이가 못 나왔으니까. 그때 갈 때는 이게 횡설수설 뒤죽박죽, 누군 뭐 누구 옆에 있니 묻고, 누구 어디 있니, 병원에 있니 뭐 이렇게 다 바르지가 않았어요, 정보가 똑바르지가 않았고, 방송도 똑바르지가 않았고, 방송도. 그러니까 다들 내려가는 과정에 내 아이, 배 타고 나오나 보다 생각을 하고 엄마들이 내려가고 그렇게 했죠. 생존자 명단도 어떤 애들은 뭐 틀렸다 하고, 하고 하니까, 어쨌든 우리는 허재강만 찾았었으니까, 그때는 허재강이 없었으니까.

면담자　　체육관 오셔서 명단 보시고 바로 팽목으로 가셨던 거예요?

재강 엄마　　체육관에서 잠깐 안에 들어가서 잠깐 앉았다가, 한 5분, 10분 앉았다가 팽목으로 들어간 거 같아요. 팽목에 그때 또 잠깐 있다가 버스 들어간다고 해서 팽목으로 들어갔던 거 같아요.

면담자　　체육관 처음 오셨을 때 벌써 자리가 다 깔려 있었어요?

재강 엄마　　애들이 있었으니까, 생존자 애들이 거기 있었잖아요. 그러니까 생존자 애들이 거기 있었잖아요.

면담자　　팽목 처음 가셨을 때 깜깜해졌을 때였죠?

재강 엄마　　깜깜해졌을 때, 아주 깜깜했던 건 아니지만 그때 4월이니까 저녁, 이제 해 넘어가고 밤 되기 그 일몰 다 되고….

면담자　　거기가 공간이 그렇게 넓지가 않잖아요. 처음 가셨을 때 앉을 데도 없고 그냥 아무것도 없는 상태였어요?

재강 엄마　　지금 보니까 엄청 넓더라고요, 지금 보니까. 우린 갔을 때는 차가 갔으니까 이게 여객터미널, 그거 매표소 그 앞에 서 있었어요. 그 앞에 서 있었으니까, 거기 부모들이 다 배가 그쪽에서 움직이니까 부모들이 다 거기만 서 있었죠, 거기서. 그 옆은 깜깜하니까 뭐 어디가 어딘지도 몰라요. 오로지 그냥 전기 들어오는 거기만, 그리고 화장실, 그 매표소 거기서 이용하고, 핸드폰 배터리도 뭐 안 되니까 막 파출소 소장이 그 갖다 놓은 거 잠깐잠깐 충전하고 그러고 있었다니까요. 첫날은 뭐 아수라장이죠, 전부 다.

면담자　　　아버님 바지선 들어가실 때 가시려는 분이 그렇게 많지는 않으셨던 거예요?

재강 엄마　　　아뇨, 줄을 섰으니까. 재강이 아빠가 저한테 갔다 온다는 말도 없이 타고 들어가 버린 거죠. 아니 저한테 왔다 가면 배가 가고 없잖아요. 그러니까 저한테 온다 간다 말도 없이 타고 들어가 버린 거야. 재강이 아빠는 거기 가다가 충전하고 나는 밖에서 해갖고 잠깐 통화했다니까요, 나오는 중이라고.

12
구조하지 않는 상황, 대통령 방문, 팽목과 체육관의 소통 어려움

면담자　　　나오는 중이라고 하실 때 아버님이 구조가 실제로는 안 되고 있단 이야기를 해주셨던 거예요?

재강 엄마　　　네, 구조가 안 하고 있다고. 그런데 그때는 저보고 포기하란 소리를 그땐 안 했거든요. 재강이 아직 괜찮을 거라고, 기다려보자고 그랬는데 금요일 저녁에 들어갔다 나와서 토요일 아침에는 "안 되겠다", 그때 이야기하더라고요, 그때는. 그러니까 뒤에 들었는데 올케언니가 그러더라고요, 첫날 재강이 아빠가 들어갔을 때 자기는 마음…. (면담자 : 아, 벌써 그때…) 네. 그때부터 안 되겠더라고, 차마 저한테 말을 못 했다 하더라고요. 왜냐하면 어쩔 수 없으니까 저보고 기다려보자 했는데, 아빠들은 첫날 많이 느끼셨나 보더라고요, 거기 들어갔다 오신 분들은. 저는 사고 해역을 한 번도 안 가봤었어요. 그래서 1주기 때 가봤었죠, 1주기 때.

면담자   부모님들 현장 보고 오신 뒤에 화가 많이 나셨겠네요?
그때도 계속 보도에서는 구조가 된다고 그랬었고, 대통령 왔을 때도
되고 있다고 했었으니까요.

재강 엄마   계속 거기 우리는 싸움판이었어요. 뭐, "해수부 장관
말 똑바로 해라", "안 하고 있다", "이거 전광판에 띄우는 거 거짓말
아니냐?", 계속 우리는 그 싸우는 과정이고 우리는 이미 그때 다 알
고 있었잖아요. 방송을 아무리 500대 헬기가 떠 있다고 하면 뭐 하
고 구조대원이 몇 명이 와 있으면 뭐 하냐고요. 우리는 이미 다 알고
있어갖고, 내 아는 사람들이 "왜 구조를 하는데 안 돼?" 그러길래 제
가 톡을 다 날려줬어요, 지금 이거 다 텔레비전에 나오는 거 거짓말
이라고, 하나도 구조 안 하고 있다고, 지금 아무것도 안 하고 있다고.

우리 언니들도, 우리 올케언니도 와서 보고 그러는 거야. 올케언
니도 함양에서 진도 올 때 저만 포기를 못 했던 거지, 식구들은 다
예상을 하고 왔나 봐요. 올케언니가 17일 날 올 때 그날 오면 찾아갖
고 올라갈 줄 알았대요, 안산으로. 자기네가 진도 오면 찾아서 안산
으로 올라갈 줄 알았대. 그런데 이렇게 시간이 지체되고 아무것도
안 하고 있을 줄 몰랐다는 거야. 딱 진도 와보니까 아무것도 안 하고
있으니까, 거기 와서 오빠랑 올케언니 느낀 거야. 그리고 이모들도,
이모도 나중에 와서 다음 날 와서 보니까 아무것도 안 하고 있다는
걸⋯. 진도 오신 분들은 다 아는 거야. 이게 방송에만 그렇게 나가지
아무것도 안 하고 있다는 걸 거기서 다 아는 거지. 끝까지 해수부고

목포 해양경찰서고 경찰청이고 자기네들이 인정을 안 하잖아요. 청문회를 해도 인정을 안 하잖아요.

면담자　　　대통령 왔을 때도 어머니 체육관에 계셨어요?

재강 엄마　　　네, 체육관에 있었죠. 그런데 온다고 아주 그냥 뭐지? 쫙, 인간 바리케이드를 치더라고요. (면담자 : 아예 접촉을 못 하게 하려고요?) 네. 왜 그러나 했더니 나중에 보니까 대통령 온다고, 이렇게 우리가 체육관이 왜 이쪽, 이쪽 통로를 두고 이렇게 앉아 있잖아요. 그럼 (두 팔을 펴며) 이렇게 딱 치는 거야. 이게 단상이잖아요. 이렇게 다. (면담자 : 거기까지 그렇게?) 네, 단상 앞에까지 이렇게 다 치는 거야. 부모들 못 나오게끔. (면담자 : 아예 사람들이 쫙 섰어요?) 네, 사람들이 인간 바리게이트를 쳤다고요. 그 인간들은 다 어디서 데꼬 왔는지… (면담자 : 그게 경찰복을 입고 있거나 군인이거나) 아뇨, 사복이에요, 사복이에요. 사복 애들이 딱 바리게이트, 인간 바리게이트를 다 쳤어요. 치고 대통령 나갈 때는 아예 에워싸서 나갔어요, 보이지도 않게, 에워싸서 보이지도 않게 그러고 나갔어요. 오기 전에 딱 이미 30분 전에 와서부터 딱 치더라고 바리게이트, 인간 바리게이트를 치더라고.

　그리고 나서 또 왔다가 오면 뭐 하냐고. 팽목에 있던 사람들은 몰랐대요, 대통령 오는지도. 여기 체육관 온지도 몰랐대요, 온지도 몰랐대 팽목에 있던 사람들은. 팽목은 또 텔레비전도 없었잖아요. 우리는 (면담자 : 그때는 전광판이) 아니, 처음에는 없었어요. (면담자 : 텔레비전으로 있었죠) 저기가, 대통령이 와갖고, 박근혜가 와갖고 (면

담자 : 그렇죠. "전광판 왜 설치 안 해주시냐"고 부모님들 그러셨잖아요)
큰 걸로 바꿔줬잖아요. 처음에는 요만한 텔레비전 이거는 체육관에
만 있었어요.

면담자   팽목에서는 체육관 상황을 전혀 알 수가 없는 거였던
거네요?

재강 엄마   네, 그러니까 팽목 사람들은 박근혜가 와도 모르는 거
야. 우리도 서로 잘 몰라요, 팽목에 안 나가본 사람들은. 아빠들은
낮에 왔다 갔다 하니까 [팽목 상황을 알았는데], 제가 바보 같다고 하
는 게 그거야, 왜 그때 그렇게, 그렇게 앉아만 있었는지…, 팽목을
가보고 했었어야 됐는데. 팽목을 안 가봐 가지고 팽목 사정을 몰랐
던 거야.

면담자   체육관하고 팽목으로 왕복하는 차가 정기적으로 운행
되었어요?

재강 엄마   계속 차가 왔다 갔다 했었어요. 그런데 한 30분 걸리
잖아요? 25분에서 30분 걸려요. 한참 가야 돼요. 지나고 보면 너무
바보스럽게 했던 게 되게 많은 거 같애. 모든 게 다 바보스러운 거
같아. (면담자 : 아쉬운 생각들이 많이 드세요?) 네, 많이 들어요.

면담자   팽목에 계시는 분들도 체육관으로 계속 왔다 갔다 하
셨어요?

재강 엄마   아니, 팽목에만 계셨죠, 그분들은. 체육관에 계신 분
들은 체육관에만 계시고 팽목에 계신 분들은 팽목에만 계셨는데, 팽

목에 계신 분들은 체육관에 올 일이 없죠. 체육관에 계신 분들은 팽목에 가죠, 왜냐면 아이들이 나오고 하니까 보러 간다고. 처음에는 막 아무나 봤다면서요, 애들 나오는 대로. 그런데 어느 순간, 뒷 번호부터 안 보여줬댔잖아요. 그런데 재강이 같은 경우는 간이 천막을 치고 왔으니까. 그런데 그 전에는 다 봤대잖아요, 애들. 완전히 체계도 안 잡히고 그랬던 것 같아요.

13
가족들의 회의 시작, 구호품, 체육관 내 상황과 감시, 언론보도

면담자　　　가족분들끼리 항의하든 싸움을 하든 의견이 또 모아져야 하잖아요. 그 회의는 언제부터 만들어졌었어요?

재강 엄마　　다음 날이었던 것 같아요. 17일이었던 것 같아요. 16일 날은 전부 다 기다리기만 하고, 17일 날 오후 되면서부터 막 팽목은 팽목대로 체육관은 체육관대로 연락하고 전화번호 서로 공유하고 이랬던 것 같아요. 그러고… 우리 체육관에 들어갔을 때는 거기는 체육관에 조금 사람들이 저기가 되니까, 팽목은 16일, 17일 아침까지는 아무런 공유가 안 되죠. 체육관은 이렇게 뭐가 됐는데 팽목은 아무것도 안 됐어요. 그게 체육관에 있던 사람들이 먼저 막 배, 개인 배를 구해갖고 들어가고 그랬던 것 같아요. 팽목은 그게 안 되고 그 해경 배 타고 들어가고.

면담자　　　17일부터 배 (재강 엄마 : "인양하자" 소리 나오고) 인양하자 이야기도 나오고, 개인 배로 들어가 보고 했는데, 체육관에 계신 분들이 실제로 사고 해역에 들어가시기도 하셨어요?

재강 엄마　　　16일 날인가 17일 날 개인 배 타고 들어갔잖아요. 개인 배 타고 들어가고, 인양하자 소리는 17일부터인가 언제인가 바로 나왔어요. 그런데 "인양이 문제냐, 인양은 [나중이다]" 그런 거 저런 걸로 많이 싸웠죠, 되냐 안 되냐, 하자는 사람과 말자는 사람…. 그러고 또 부모가 식별이 안 되니까, 부모 확인도 해야 되니까 막 이름표도 만들고, 그게 17일, 17일? 18일 돼서 확인? 18일, 19일 돼서 그랬던 것 같아요, 이름표 만드는 것도. 그 전에는 그런 것도 안 만들고…. 옷이 갈아입을 게 없어 가지고 옷 받으러 갔더니 옷이 없다는 거야. 한 가정에 두 개 줬잖아요. 엄마, 아빠 거 주고, 그거[이름표] 갖고 오라더라고. 그거 가져갔고 겨우 큰 옷 [받아 왔어요]. 또 그리고 재강이 동생이 그때따라 생리를 와서 해가지고 또 옷이 배고, 계속 속옷 같은 거나 뭐 받아 입어야 되니까, 나는 거기 옷이 안 돼가지고 재강이 이모보고 올 때 옷을 사 오라고 했었어요, 바지랑 티 그냥 입을 거 사 오라고. 입은 채로 내려갔었으니까, 씻지도 못하고 있었으니까….

　　근데 거기 우리나라는 정말, 내가 제일 기분 나빴던 게 웬 구호품이 그렇게 좋아요. 먹는 거(한숨), 난리가 나. 짜증이 나 죽는 줄 알았어요, 그것도. 그리고 사실 부모들도 먹진 않죠, 안 먹죠. 물만 먹고 앉아 있는데, 가족들은 드시긴 드시는데 나는 차라리 그런 걸로 다른 걸 했으면 좋겠더라고. 왜 못 먹어서 죽을까 봐 먹는 걸 그렇게 내려보내냐고. 그리고 뭐 제대로 옷도 제대로 오지도 않고, 옷 같은 것도 우리한테 제대로 오지도 않았고.

면담자   보도에 나온 걸로도 먹는 거 종류도 막 엄청 많고 (재강 엄마 : 종류도 많고, 엄청 좋은 걸로) 아, 그랬어요? 그때 당시 어머니, '이런 거는 어이가 없다' 그런 생각하셨어요?

재강 엄마   어이가 없었어요. 그래서 지금 제가 얘기하잖아요, 그게 뭐 하는 짓이냐고. 부모들 못 먹어서 죽냐고요. 막 과일 같은 거 엄청났어요. 먹을 게 아주 지천에 깔렸었어요. 지천에 깔렸었어요. (면담자 : 정작 필요한 거는 지금 없고) 그건 좀 아니더라고. 그리고 막 이불도 모자라갖고 난리굿이었고, 막 밑에 바깥에 자니까 깔판이나 이런 게 막….

면담자   그때 당시에 아직 추웠을 땐데 난방은 어떻게?

재강 엄마   뭐지 히터 틀었었나? 뭐, 옷 다 껴입고 있는 거예요. 옷 껴입고 앉아갖고 있는 거예요. 거기 바닥이 불이 없잖아요. 그러니까 막 이불, 매트 깔려 있잖아요. 왜 은박지 깔고 자기 이불 깔고 막 이러고 자고, 그냥. 잠이 뭐 잠이 자는 거예요? 그냥 앉아서, 쪼그리고 앉아 있고 뭐 이러는 거니까.

면담자   불도 거의 24시간 계속 켜져 있는 상태?

재강 엄마   켜져 있죠. 켜져 있는 상태여야지 뭐 어떻게 해. 그리고 나서 우리는 20일 날 올라왔으니까, 재강이는 20일 날 찾아서 올라왔으니까.

면담자   어머님은 계속 남아 계셨던 거고 아버님만 안산에 오섰던 거예요?

재강 엄마   아빠만 하루 왔다가 자고.

면담자   진도 행진할 때 앞에서 막 싸우던 사람들, 그때 당시에도 가족이냐 아니냐 이런 이야기들이 있었어요?

재강 엄마   그렇죠. 그러다가 나중에 "몇 반 누구냐?" 하면서, 뭐 누구라 그러면 우리가 어떻게 알아요? 지금은 알죠. 지금은 알지만 그때는 몇 반 누구라 해도 모르잖아요.

면담자   사람이 워낙 많기도 해서 불안감 같은 거 있지 않으셨어요?

재강 엄마   우리는요, 그렇게 프락치가 많이 들어와 있는지 몰랐어요, 그때는. 저는, 우리 부모들은 몰랐어요. 그냥 식구, 부모 외에는 친척들, 그렇게 생각했는데 다 프락치였어요. 프락치들이 많이 와 있었어요. 요소요소에 다 껴 있어서 몰라요. (면담자: 사실 그걸 의심을 하기가…) 의심조차도 안 하죠. 그런데 우리가 정신을 차리고 조금씩, 조금씩 시간이 지나다 보니까, 전신에[여러 곳에] 프락치가 다 앉아 있었던 거예요. (면담자: 며칠 지나니까) 느끼죠. 그래도 뭐 안 되는데 뭐, 안 돼. 이렇게 또 우리는 체육관 바닥에 있고 의자에 있는 사람들도 있잖아요. 사복경찰들 와서 앉아 있어도 모르잖아요. 쫙 앉아 있었던 거예요, 촬영한다고 와서 있고 이러니까.

면담자   며칠 안 됐을 때 가족분들이 언론보도를 다 거부하셨었잖아요? 그게 정확하게 언제까지였는지 혹시 아세요?

재강 엄마　　　　저는 그건 잘 모르겠어요, 그거까지는. 언론보도는 잘 모르겠는데, 사실 뭐 처음에 안산에 올라와서도 한동안은 TV를 안 틀었으니까, TV 트는 것 자체를 내가 안 했으니까 집에 와서. (면담자 : 기자들이 곤란하게 하거나 불편하게 하거나 그런 건 없으셨어요?) 아뇨, 그러진 않았어요. 왜냐하면 저는 자리가 이렇게 TV 앞도 아니고 뒤도 아니고 이렇게 좀 문 앞에서 조금만 들어오면 여기 앉아 있었으니까, 이쪽에 앉아 있었으니까. 우리는 그 저기를 안 했죠, 우리하고는 뭐 인터뷰하고 그런 걸 안 했었으니까. 우리는 워낙 또 아빠도 뭐 그렇고 인터뷰 같은 거 안 하고 하니까, 그런 걸 안 하니까. (면담자 : 그때도 언론사별로 좀 믿을 만한 데도 있지만) 응. 그런 거 있었어요. 맞아요. (면담자 : 그런 이야기가 언제부터 나왔었어요? 금방 그렇게 나오게 된 건가요?) 그런 게 있었어요, 뭐 "어디만 남고 나가라" 하고. MBC인가 어디가 막 방송한다고, 지네가 방송한다고 뭐 그랬었어요. 그 이야기 지금 얘기하시니까 생각난다. 맞아요, 막 다 나가라고, 방송 똑바로 안 하니까 다 나가라고 [했어요]. 어떤 아빠가 올라가서 또 카메라 뚜드려 깨기도 하고 그랬어요, 체육관에서. 어디만 남고 나가라 했는데 잘 기억이 안 나요.

면담자　　　　어머니 마음이나 심리가 불안정한 그런 상태셨어요? 약이 혹시 필요하시거나 그러시진 않으셨어요?

재강 엄마　　　　아니, 약은 안 먹었어요. 웬만하면 약 같은 건 잘 안 먹어요.

면담자　　　　그때도 체육관에서 링거 맞고 계신 분들 계셨잖아요.

재강 엄마　　　네, 그런 분들 있었는데 저는 그냥 꼼짝 안 하고 있었어요. 저는 그런 약 같은 건 잘 안 먹어요.

14
재강이에게 고마움, DNA 확인 방식 변화, 유류품

면담자　　　진도대교 행진하실 때 날씨도 추적추적 비가 내려 안 좋고 그랬었죠?

재강 엄마　　　춥고, 밤에 밤새 걷는다는 게 쉬운 건 아니더라고요. 그래서 제가 아까 이야기했잖아요. 내가 걸으면 재강이가 올 것 같아서 걸었는데 재강이가 저한테 왔다고. 재강이가 그날 저한테 왔잖아요. 그냥 그 자체만으로도 고맙고, 살아 돌아왔으면 더 좋았을 텐데 그래도 또 온전하게 제가 재강이를 안아봤으니까, 온전한 상태의 재강이를 제가 안아서 보내줬으니까, 또 그것만으로도 재강이한테 고맙고…. 어떻게 할 거예요, 뒤에 또 안 나와갖고 있었어도 못 찾았어도 그렇고, 찾았는데도 시간이 또 오래 걸리면 또 그만큼, 힘들고…. 그런데 그냥 그것만도 저는 고마워요. 재강이를 제가 깨끗하게 보고 깨끗하게 안아 보냈으니까, 그것만도 고마워요.

면담자　　　재강이 나오고 난 뒤에는 어머님하고 떨어진 적이 없었던 거네요?

재강 엄마　　　재강이는 그러고 바로 올라갔잖아요, 바로 올라와서 장례식장으로 왔으니까.

면담자   늦게 나온 경우에는 하룻밤을 기다리셨는데.

재강 엄마   그게, 그게 왜 그러냐면 그쪽은, 우리는 아이를 보고 DNA를 채취를 했지만 그 사람들은 DNA 검사하고 확인됐을 때 아이를 보여줬잖아요. 그러니까 그 사람들하고 우리는 틀리죠. 그게 23일부터 그렇게 했다더라고요, 23일부터. 우리는 20일 날 나왔으니까, 아이를 보고 내 아이라고 데리고 왔잖아요. 그래서 그게 실수가 생겼었잖아요. 그 아까 이야기했던 그 아빠 있잖아요. 우리보고 내리지 말라 했던 아빠가 다른 아이를 데리고 올라왔던 거야, 우리 반 아이 심장영을 데리고 올라오고. 엄마가, 그 아이가 장영이 옷을 입었었대요. 엄마가 그냥 장영이 옷을 입었는데 이 엄마는, 장영인데 그냥 아이만 보고 넘어간 거야. 그러고 나서 자기 아이인 줄 알고 데리고 왔는데, 안산으로 올라왔는데 아니었던 거야. 심장영이었던 거야. 바뀐 거 뭐 앞에 세 번인가 바뀌었잖아요. 그래서 23일부터는 그런 DNA 검사해서 줬으니까, 보내줬으니까 엄마들한테, 부모들한테 보냈으니까 그런 실수가 없었는데, 앞에는 우리 같은 경우는 얼굴 보고, 얼굴 보고 부모들이 쓰러져 버리면은, 그 자기 아이인 줄 알고 그냥…. 그런 경우가 있었다고 하더라고요.

면담자   재강이가 가방도 가지고 있었고 했으니까 어머니는 바로 알아보신 거죠?

재강 엄마   그렇죠. 재강이 같은 경우는 또 재강이가 4월 20일 날 나온 게, 22일 날이 동생 생일이었어요. 나중에 알았는데 동생 생일이라고 하더라고. 동생 생일이었는데 동생 생일 이틀 전에 나왔죠.

재강이는 또 유류품도 나왔어요. 그 유류품이, 재강이가 6월 18일이 생일인데, 6월 16일 날 유류품이 나왔어요. 재강이는 유류품도 받았어요. (면담자 : 뭐 나왔어요?) 아니, 아니, 핸드폰이랑은 다 나왔어요. 재강이는 안 가지고 나온 게 신발만 두 개 안 가지고 나왔어요, 운동화하고 슬리퍼. 그런데 (면담자 : 가방) 왔잖아요. 그래서 옷이랑 다 받았거든요? 받았는데 제가 아까 김종천[4·16기억저장소 사무국장] 씨한테 말했어요. 우리는 다 손으로 빨아가지고 말려서 다려서 재강이한테 보내줬어요. 그걸 가지고 있어야 된다는 그 생각을 안 했어요, 빨리 찾아가지고 빨리 보내줬거든. 아까 "진작에 이야기 좀 하지", 아까 밥 먹으면서, 원망스럽다고 [김 국장한테 이야기했어요]. 유류품도 찾아서 재강이한테 다 보내줬어요. 집에 있는 건 재강이가 그냥 수학여행 가기 전에 가지고 있던 것만 가지고 있는 거죠.

면담자   어머니 오늘은 이 정도로 하고요. 다음 3차 때는 활동하셨던 것 중심으로 하면 될 것 같아요.

재강 엄마   선생님들도 이거 하시기 힘드시겠어요. 한 가정, 가정하려면은 (면담자 : 마음이 힘들지요) 같이 이렇게 하는 게 쉬운 게 아니더라고요. (면담자 : 다른 거는 괜찮은데 말씀을 들으면) 쉬운 게 아니죠. 이게 즐거운 일로 같이하면 즐겁게 할 수 있는데 또 이게 슬픈 일로 하니까 그렇죠, 하는 게. 쉬운 게 아닐 것 같아요. 수고하셨어요.

면담자   그럼 오늘 재강이 어머니 2차 구술을 마치도록 하겠습니다. 감사합니다.

3회차

2016년 1월 6일

1
시작 인사말

면담자　　　본 구술증언은 4·16 사건에 대한 참여자들의 경험과 기억을 기록으로 남김으로써 이후 진상 규명 및 역사 기술에 기여하고자 합니다. 지금부터 양옥자 씨의 증언을 시작하겠습니다. 오늘은 2016년 1월 6일이며, 장소는 안산시 단원구 글로벌다문화센터입니다. 면담자와 촬영자는 김아람입니다.

2
19박 20일 '세월호 인양' 도보 행진

면담자　　　3차 구술 시작하도록 하겠습니다. 활동하시면서 제일 기억에 남는 일화는 뭘까요?

재강 엄마　　저는… 아무래도 19박 20일 도보겠죠. 작년 2월 달에 도보한 게 제일 기억에 남죠, 왜냐하면 집을 떠나서 20일 동안 제가 나가 있었으니까.

면담자　　　어머니도 반별로 구간별로 나눠서 하셨어요?

재강 엄마　　아, 전 일정. 일단은 전 일정 하신 분이 열몇 명 있어요.

면담자　　　다 반별로만 하신 게 아니고 전 일정 다 하신 분들도 열 분 넘게 계세요?

재강 엄마   15명인가 13명인가 전 일정을 했어요, 20일, 19박 20일. 반별은 하루하루씩만 걷고 갔잖아요. 근데 우리 같은 경우는 첫날 출발서부터 20일 동안 팽목까지 쭉 걸어갔어요. 19박 20일 걸었어요.

면담자   아버님 같이하셨어요?

재강 엄마   아니, 아버지는 집에서 재강이 동생 봐야죠, 걔 학교 보내야죠. 재강이 동생 학교 보내느라 아빠랑 동생은 집에 있고 저만.

면담자   어떻게 그렇게 처음부터 끝까지 하시겠다고 생각하셨어요? 아예 각오를 하고 시작하신 거예요?

재강 엄마   예, 예. 처음에 전 일정 모집을 했잖아요, 전 과정 걸으실 분. 처음에는 생각을 했죠, 내가. 나는 제일 겁났던 게 내가 중도 포기할까 봐 그게 좀 두렵더라고. 왜냐하면 포기한다는 자체가 안 좋잖아요. 포기를 하게 되면 내가 그럼, 일을 시작하는 게 별로 의미가 없어서 그래서 그것 때문에 고민을 하다가 재강이 아빠한테 물었지. 내가 "하고 싶다" 그랬더니 알아서 하라더라고. ○○이한테도 얘기했지. "엄마가 그렇게 갈 건데 아빠랑 있을 수 있냐?"고 [했더니] "알았다"고 그래서 신청을 했죠. 또 우리 반에서 나 혼자 가기가 좀 그래서 찬호 엄마, 찬호 엄마 알죠? 전명선 위원장 [부인], 그 엄마하고 인배 엄마하고 우리가 얘기하다가 내가 "나 그거 하고 싶은데" 그랬더니 찬호 엄마도 "아, 언니 할 거야?" 자기도 하고 싶은데, "그럼 우리 하자"고, 셋이. 우리 반 7반 엄마들 셋이 신청을 하고 다른 반 엄마들도 있었죠.

우리는…, 내가 동생하고 재강이 아빠한테 한 말이 있어요, 2014년 도에. 내가 그 얘길 했거든. "재강이를 위해서 내가 당분간은 이제 움직일 것이다", 그래서 동생한테도 "엄마가 너한테 신경을 못 써주더라도 너가 이해를 해라. 엄마는 오빠 일을 매달려야 되겠다" 그래서 걔가 알았다고 엄마 알아서 하라고…. 내가 하는 일에 애도 그렇고, 아빠도 그렇고 크게 저기를 안 하는 거죠. 19박 20일 집을 비우고 가는 거는 쉽지는 않잖아요 되게, 내 혼자 사는 것도 아니고. 두 사람이 도움을 준 거죠. 19박 20일 걸었는데 처음에는 힘들었죠. 첫날은 신발을 잘못 신어갖고 물집이 생겼는데, 한 3일까지 5일 정도? 막 다리가 쥐가 나고 땡겼어요. 근데 못 걸으면 차를 좀 타도 됐는데, 제가 두 번인가 탔어, 결국은 안 돼갖고. 이게 막 걸을 수가 없어, 너무 다리가 아파 가지고. 근데 우리 엄마들이 전부 다 의외로 차 안 탈려고 해요, 웬만하면 그냥 아파도 걸어서 간다는 일념으로 걸어갔으니까. 거의 차 탄 부모들, 엄마들 없어요. 잠깐은 탔는데, 나 같은 경우 너무 못 걸으니까 너무 힘드니까 다른 사람한테, 내가 처지니까, 민폐 되니까 탔지. 근데 한 며칠, 5일, 6일째 걸으니까 다리가 풀리더라고. 뒤로 갈수록 다리가 풀어지니까 걷기가 편하더라고요.

면담자   오히려 후반부가 괜찮으셨어요?

재강 엄마   예, 예. 마지막 걸을 때는 우리는 잘 걷죠, 이제. 뒤에 사람들이 못 따라오지, 우리는 뭐 19박 20일을 걸었으니까. 그게 나는 내가 한 일 중에 제일 기억에 남는 거 같애요, 19박 20일. 우리가 막 교회서도 자고, 잠을 교회 예배 보는 데 거기서도 자고, 또 구간 구간 가는 데마다 도움을 많이 받고 잤죠. 그리고 전주 같은 데서는 또, 좋은 데서도 자고(웃음). 우리 또 뭐, 황토방 같은 데서 자고 여러 군데서 잠을 잤죠. 담양 같은 경우는 담양 군수님이 귀빈들한테만 내어주는 그런 황토방, 한옥 거기를 또 우리를 내줘갖고 거기서 또 자기도 하고. 음… 평택에서는 '와락'[평택 쌍용자동차 피해자를 위한 치유 공간]에서 잤어요. 와락 아시죠? (면담자 : 네) 와락에서 잤어요, 와락에서 자고 거기서 또 밥도 먹고. 그렇게 20일 걸을 때 도움 많이 받았죠. 우리가 그때 걸을 때 이쪽으로 올 게 아니고 경상도 걸어야 된다고, 경상도 쪽은 반성 좀 해야 되잖아요. 어저께 김익한 교수님이 저기잖아요, 경상도잖아요. 성복이 엄마도 저기거든, 경상도거든. 나, 셋 다 기잖아. "경상도 사람들 우리 반성 좀 해야 된다"고 [하셔서] "맞다"고, 경상도 쪽으로 우리가 좀 알려야 된다고…. 쉽진 않아, 쉽진 않아(웃음).

면담자　　　　도보 기획하실 때도 주도적으로 하시는 어머님들이 따로 계셨어요?

재강 엄마　　　아니, 아니, 아버님들이 했어요. 그건 아버님들하고 그 저기, 저기 4·16연대, 4·16연대에서도 전 일정 같이한 스텝[스태프] 둘이 있었어요. 근데 내가 이름을 까먹었어요. 승훈 씨하고 있었는데, 하나는 부산에서 올라오고 하나는 그 사람도 4·16연대 소속인데 부산에서 오고 한 사람은 광주에서 와가지고 했어요, 그 사람들도 같이.

면담자   참여는 거의 어머님들만 했어요?

재강 엄마   아버님들도 있어요. 3반의 소연이 아빠, 은지 아빠, 우리 반에 근형이 아버님, 3반 예슬이 아빠. 3반이 많이 했죠, 도언이 엄마랑 예진이 엄마랑.

면담자   7반에서는 어머님들 세 분 가셨어요?

재강 엄마   예, 예. 아, 동수 아빠, 동수 아빠는 인양분과 분과장이니까 그쪽에서. 그게, 우리가 세월호 인양하라고 걸은 거잖아요. 그니까 동수 아빠가 분과장이니까 같이 [걸었죠]. 그리고 수빈이 이모부 박용우 씨, 7반은. 그 사람들은 스텝이었지 뭐. 그니까 뒤에 반별로 따라붙고, 한 번씩 돌아가면서.

면담자   인원이 구간별로 차이가 있었어요? 많을 때도 있고 적을 때도 있고?

재강 엄마   시민들이 따라붙는 게 있잖아요. 그런 게 있죠, 많은 때도 있고 적은 때도 있고. 계속 가면서 인원이 늘었던 거 같애요. 시민분들도 전 일정 하신 분들 있어요. 19박 20일 안산에서 우리랑 같이 출발하셨던 분들도 있어요, 시민분들도. 근데 그때 스텝들 고생 많이 했어요. 왜냐하면 원래는 시민분들은 각자가 밥을 먹을 걸 했어야 되는데, 나중에는 다 같이 밥을… [먹게 되면서], 그게 스텝들이 엄청 고생했어요.

면담자   몇 끼를 그러면 거의 막 준비를 다 하셨어야 했어요?

재강 엄마   스텝이 하는 게 아니고 그 구간 구간에 미리 대책위에다가 준비는 다 돼 있는데, 그래도 시민분들이 돌아가서 조금 서운해하셨던 부분이 있죠. 왜냐하면 처음부터 그게 공유가 됐는데, 밥을 각자가 해결 안 하고 왔으니까, 여기서 다 해주는 줄 알고 잠자리랑, 그게 좀 불만이 좀…. 전 과정을 걸으시는 분들은 우리랑 같이했는데, 하루씩 오시는 분들은 우리가 숙박을 못 해주잖아요, 근데 뭐 어디에 가서 몇 명이 올지 모르니까. 그런 거 때문에 불만을 많이 가졌었어요, "[도보 행진을] 갔는데 안 해주더라" [하고요]. 근데 그걸 미리 계획이 돼야 되는데 그게 안 됐잖아.

면담자　　　그거를 근데 다 어떻게 막 구간별로 신청을 받고 그게 또 어렵잖아요, 현실적으로.

재강 엄마　　　그러니까. 그러니까, 고생 많이 했죠, 그 사람들. 우리는 걸어만 가면 됐지만 그 사람들 고생 많이 했어요, 진짜.

면담자　　　어머니, 집을 그렇게 오래 떨어져 나와 계신 것도 처음이시고, 그렇게 오랫동안 막 걷고 그런 것도 처음이시죠?

재강 엄마　　　처음이죠. 아니 이제 뭐 아주 못 걷는 편은 아니에요. 나는 걷는 거는 좀 잘해요. 근데 그렇게 20일 걷는 거는 처음이죠. 아휴, 자식이니까 하지 남편이었으면 안 해요. (면담자 : (웃음)) 자식 일이니까 걷지. 모든 일이 그래요 지금. 자식 일이니까 하지, 남편 거 같으면 안 해. 남편 거 같으면 벌써 나도 배·보상 신청하고 내 살 길 찾죠, 애들 키울려고. 근데 자식 일이니까 인제 하는 거지 뭐. 내 죽을 때까지 해결이 안 되면 내 죽을 때까지 해야죠, 진상 규명이 되기를 빌어야 되지만.

면담자   그러니까요. 그게 참 시간이 오래 걸릴 수도 있을 거 같아요.

재강 엄마   오래 걸릴 거예요. 뭐, 계속 얘기하잖아요, 오래 걸릴 거라고. 광주는 30년 걸렸다는데 우리[는] 그거보다 적게 갔으면 좋겠는데, 우리도 그 정도는 생각하고 가야 되겠지….

면담자   도보 행진 하실 때 경찰이라든가 그래도 좀 에스코트를 해주거나 이런 도움이 좀 있었어요?

재강 엄마   그 지역, 지역[에 따라] 해줬죠. 조금씩 앞에도 해주고… 아, 그때가… 어느 지역에서는 정말 잘해준 데도 있고, 예. 어느 지역에서 잘해준 데도 있고, 어떤 데는 또 안 [해주고], 그 지역[자치단체]장에 따라서….

면담자   어머니 느끼시기에도 차이가 있었어요?

재강 엄마   느끼죠. 충청권은 아니었죠. 전라권에 갔을 때는, 또 어떤 데는 딱 진짜 바리케이드 들고 줄 있잖아요, 이렇게 의경들이 들고 [보호하며] 우리 옆에서 이렇게 걸어간 데도 있어요. 그런 지역도 있고, 그 지역 지역 장에 따라서 틀린 거예요. 어, 그 사람들이 새누리당이면 안 나와요, 거진(웃음).

면담자   시장이나 군수가 야당이면 그래도 같이?

재강 엄마   예, 예, 그렇죠. 광주 같은 경우는 잘해줬고, 뭐 그런 식으로.

면담자   담양이나 전라도로 내려가면 많이 도움을 주고?

재강 엄마   충청권은 좀 안 좋았죠, 특히 세종시 갔을 때. 우리가 또 교육청, 교육부를 들렀다 갔잖아요. 거기 갔을 때도 그랬고…, 충청권은 많이 안 좋았어요, 충청권은. 그 뭐 우리 지나갈 때 어떤 할아버지는 우리보고 "집 팔아갖고 세월호 인양하라"고 [하기도 했어요].

면담자   집회를 하거나 이런 분들은 없었어요? 개별적으로 그런 거 말고 집단적으로 나서서 방해하거나 그런 건 없었어요?

재강 엄마   그러진 않았어요, 그러진 않았어. 그런 거는 없었어요. 집단적으로 그런 거는 없었어요.

면담자   그때 걸으실 때도 오마이TV나 고발뉴스 같은 언론이 따라갔었잖아요. 다른 언론사들은?

재강 엄마   KBS 있었어요. (면담자 : 전 일정 다 있었어요?) 아니, 중간에 왔어요. 처음에는 우리 도보하는 거 모르고 있다가, KBS 그거 뭐지? 'PD수첩' (면담자 : 'PD수첩'은 MBC예요) MBC예요? 그럼 '추적 60분'인가 보다. KBS 왔었어요. 그 피디 왔었어요, KBS 피디. 그래 갖고 중간에 합류해 갖고 마지막까지 같이 걸었어요. 근데 나중에 그게 '추적 60분'이 방송할 때 보니까 의도하고 틀리더라고. 세월호 인양에 관한 건 하나도 안 하고, 나중에 봤더니 나중에는 자기가 방송을 낸다고 해서 허용을 했잖아요, 찍는 거. 근데 방송 보니까 나중에 보니까 다윤이네 하고 은화네 뭐 그냥 그런 쪽…. 도보하는 거 쪼금 그러고, 별로 그렇게 썩 좋은 저게 아니었어.

면담자   부모님들이 주장하는 문제들에 대해서는 거의 다루지 않고?

재강 엄마   그 사람 [피디가] 그러더라고, "어떤 식으로든 나가긴 나가는데 우에서 못 하게 하니까 자기도 어쩔 수가 없다"라고. 해서 어떤 식으로든 나가긴 나가는데 좀 서운해하지 말아달라고. (면담자 : 애초에 처음에 할 때부터?) 아니, 그 뒤에 와서. 처음에는 찍는다고 찍고, 방송 나가기 전에 우리가 마지막 때 중간중간 가면서 그랬거든, "방송을 낼 수 있느냐?"고. 자기가 어떻게든 낸다 하더라고요. 근데 이제 완전하게 까고는 못 내더라고. 그니까 어쩔 수 없죠, 뭐. 우에서 누르는데 밑에서 하겠어요? 못 하지.

면담자   경찰이나 정보기관에서 감시한다거나 그런 거는 없었어요?

재강 엄마   모르죠, 뭐. 걔네들 뭐야, 사복경찰들이 뭐 중간중간 끼어도 모르잖아요. 끼어 있어도 뭐 긴가 아닌지 모르잖아.

면담자   그때는 외부에 어떻게 메시지가 잘 전달될지 이런 것들에 많이 신경이 쓰셨어요?

재강 엄마   그랬죠. 그런데 하나도 안 알려졌죠(웃음). 그냥 솔직히 방송, JTBC에서 조금 해주고 나머지는 아예 차단하고 안 알렸잖아요. 그래서 우리 걸으면서 욕 많이 했죠, 방송사들. 그러니까 경상도 이쪽으로는 모르잖아요. 세월호 도보한 줄도 모르잖아요, 사람들이. (면담자 : 맞아요. 모르는 분들도 많아요) 더 많아요. 이렇게 관심 가지신 분들만 알지, 아닌 사람들은 도보하는 거 하나도 모르죠.

면담자　　그때 날씨가 따뜻한 때는 아니었잖아요?

재강 엄마　　2월이니까 추웠죠. 근데 걷다 보면 더워요, 계속 걸으니까. 근데, 날씨도 광주 갔을 때가 제일 안 좋았던 거 같애. 광주 들어가 가지고 막 날도 흐리고 그때가 좀 비도 쪼금 뿌리고 [했어요]. 그 외에는 추워도 그냥…. 그래도 그닥 많이 힘들진 않았어요, 날씨가. 눈 오거나 이래 버리면 힘들 텐데 그러진 않았어요. 광주가 조금 그랬는데 그 외에는 그냥 날씨 괜찮았어요.

면담자　　그럼 어머님 짐을 아예 다 챙겨가지고, 그래도 옷도 중간에 약간 갈아입으시고 하셔야 되잖아요?

재강 엄마　　예. 다 챙겨가지고 갔죠. 20일 나가 있을 거 다 챙겨가지고 갔어요. 근데 이제 하루씩 반별로 돌아가면서 걸었잖아요. 근데 우리 반 엄마들이 와서 빨래를 가져가 줬어요. 가져가서 했어요. 빨래를 우리가 속옷만 빨아 입고, 겉옷은 우리 반 엄마들이 가져가서 해서 다음 말려가지고 다른 반 내려올 때 보내줬어요. 그렇게 했어요. 빨래는 그리고 중간에 광주 가서인가 전주 가서는 거기서 한 번 했어요. 거기 시청 직원들이 해다 준다고 빨래를 방별로 봉지에 적어가 담아 가서, 우리가 전주에서 이틀 밤을 잤거든요, 방별로 빨래를 가져가서 시청에서 해줬어요. 거기 시민들이 해줬어요. (면담자 : 시청에서요?) 예, 시청에서 해줬어요.

면담자　　근데 어머님 원래 고향이 경상도시잖아요. 그래서 약간 사건 전후로 생각이 많이 달라지시거나 좀 그러셨어요?

재강 엄마   많이 바뀌었어요. 많이 생각이 바뀐 게 뭐냐면, 전라
도 사람들은 세월호에 관심 많아요. 경상도 사람들도 그렇지 않다는
건 아닌데, 그런데 경상도 사람들은 많이 알려고도 안 하고 할려고
도 안 하고, 조금 틀리죠. 그래서 음… 저 같은 경우도 생각이 많
이…. 나도 옛날에는 그 정도까지 아니었지만 전라도 사람들한테 그
렇게 좋은 감정은 아니었거든요. 근데 지금은 이제 우리 부모들도
또 서로가 엄청 많아요. (면담자 : 전라도 출신 분들이요?) 예. 가족들
도, 부모들이 전라도가 엄청 많아요. 지금은 어우러져서 같이 가니
까, 그분들도 그럴걸요? 지금 뭐, 이렇게 전라도 경상도 [나누는] 지
금 그런 걸 개념 없이 하는 거죠. 그렇게 했다가는 우리 못 가요, 같
이. 부모들도 엄청 많아요, 전라도. 거의 물으면 전라도. 안산이 많
아요, 전라도 분들이. 그래 갖고 반은 되는 거 같애. 느낌에 반은 되
는 거 같애.

면담자   만약에 도보하시는 코스가 정말 다르게 됐다면 경험
하신 게 달랐을 수도 있겠네요?

재강 엄마   그렇겠죠. 그 지역 장이 아무래도 요쪽[경상도 쪽]으로
는 새누리당이 많잖아요. 우리를 많이 저기 됐겠죠, 힘들게 했겠죠.
새누리당 쪽에서는 저기 하니까 많이 힘들었을걸요, 그러면? 아마
못 지나가게 했을 수도 있을걸(웃음).

면담자   그렇게까지는 안 하더라도… 어머니, 충청도에서 느
끼셨다면서요?

재강 엄마   경찰들 자체가 틀리잖아요, 하는 게.

3
4·16특별법과 국회 농성

면담자　　　그동안 어머님 활동하시면서 제일 화나시거나 그러셨
던 때 있으세요?

재강 엄마　　화나는 때는 많죠. 중간중간에 다 화날 때지. 근데
뭐… 국회 처음에 들어갔잖아요, 우리 거기서 자리 잡을 때, 그때 갑
자기 못 들어오게 했잖아요. [그래서] 막 담 넘어서 싸우고 들어갔잖
아, 그럴 때. 아니면 뭐 생존자 애들이 도보해서 [국회로] 올라왔을 때
그때도 우리 또 많이 싸웠잖아. 그리고 언제지, 7월 17일, 거기[국회
에서] 우리가 여기 있는 데서 공연했잖아요. [원래는] 잔디에서 '열린
음악회' 한다고 하다가 철거하고 소음악회라고 해갖고 조그맣게 우
리 앞에서 했잖아, 우리 보는 앞에서. 그래 갖고 국회의장은 우리를
위해서 했다는데 그게 우리를 위한 거냐고. 그래 갖고 그때도 많이
성질나 갖고 부모들 많이 싸우고 울고불고했죠(한숨). 계속 싸운
거밖에 없는 거 같애요, 우리는. 그래 갖고 특별법도 통과할 때도,
우리는 그때 특별법 통과하면 다 되는 줄 알았는데, 아무것도 안 되
는…, 너무 허탈했지. 그것만 서명받아 갖고 하면 다 되는 줄 알고
부모들 엄청 열심히 했잖아요, 다들. 그러고 나니까, 안 되니까 손을
놔버린 부모들이 많잖아요, 그때. 그때는 힘들어도 막 부산으로 창
원으로 서명받으러 다니고….

면담자　　　결국 그때 야당이 수사권, 기소권을 못 지켜냈잖아요.

재강 엄마 양옥자

재강 엄마   예. 우리가 저기 수사권까지 받아 했어야 되는데 조사 권만 받아가지고 안 좋아. 저번에 청문회 때 보니까 완전히 배 째라 는 식이더만.

면담자   처벌을 어차피 안 받으니까.

재강 엄마   조사권[수사권]이 없으니까, 우리가… 안 좋아.

면담자   그래도 부모님들 분위기가 의욕적이었을 때가 언제인 가요?

재강 엄마   특별법 할 때, 그때까지 부모들은 (한쪽 팔을 치켜들며) "하자, 하자, 하자" [하는 분위기였죠]. 어떻게 하면, 특별법 통과되면 진상 규명이 되는 줄 알았죠, 우리는. 그랬더니… 도로 꽝이야, 아무 것도 아니야. 아무것도 아니고 그러고 나니까 다시 원점에서 새로 시작해야 되는 거잖아요. 지금 뭐 된 게 뭐 있어요? 2년 동안. (면담 자 : 맞아요) 아무것도 된 게 없고 시작도 못 하고 있는 거잖아.

면담자   사실 1차 청문회가 출발점이나 마찬가지인 셈인데.

재강 엄마   2차나 3차나 똑같을 거 같애. 걔네들이 나와서 전부 다 "모르겠다, 기억이 안 난다" [하는데], 어떻게 기억이 안 나겠어요? 그 상황이, 자기네들이 했는데. 근데 "모르겠다" 그러니까… 참, 어 떻게 할 수도 없고….

면담자   청운동에도 나가셨어요?

재강 엄마   청운동에는 상주는 안 했고, 그때 국회 지켰어요, 우 리 반은. 그때 청운동 자리 틀 때, 틀고 나갔잖아요. [그런데] 국회는

125
·
3회차

또 있어야 되잖아. 우리 반이 국회를 지켰어요. 그니까 두 팀으로 나눠서 월수금, 화목토 이렇게 해갖고, 다른 반들은 다 빠져나가 버리니까 7반에서 그렇게 네 명씩, 세 명씩 해갖고 올라갔었어요, 맨날. 우리 내려주고 청운동 가고, 청운동에서 오고, 다시 내려오고 이렇게. 그래 갖고 국회 뺄 때까지 있었죠. 그렇게 지켰죠, 국회 뺄 때까지. 그래서 5반에 민석이 아빠가 국회를 지켰었잖아요. 지키다가 빼고 안산 내려와서 어느 날 [보니까] 안 보이시더라고. 근데 그 아버님이 밥을 매[번] 거기 국회 구내매점에서 밥을 먹었잖아요, 우리가 점심을. 그래서 우리가 너무 안됐어서 가끔 한 번씩 밥을 해가지고 갔어요. 아버님이 너무 좋아하시더라고. 밥을 해가니까, 집밥이잖아요. 근데 반찬은 다른 거 없어요, 그냥 된장에 상추에. 그래 갖고 가도 너무 좋아하시더라고. 밥을 몇 번 해가지고 갔어요, 그 아버님 드시라고, 우리도 같이 먹고. 조미료 맛만 있잖아, 거기 밑에[매점]는. 그리고 맨날 먹던 밥만 먹어야 되니까, 삼시 세끼를 그거 드시니까, 우리도 두 끼를 먹잖아요, 거기서 점심, 저녁. 힘들지, 계속 그 밥을 먹어야 되니까. 나중에는 밥 먹으러도 뭐 먹어야 될까 고민해야 되고…. 우리는 그때 7반에서 거의 국회 뺄 때까지 국회를 지키면서, 다 청운동으로 옮겨 갔을 때도 안 가고 지키고.

4
재판

면담자   재판 시작됐을 때는 가셨어요?

재강 엄마　　광주? (면담자 : 예) 갔었어요. 광주도 2박 3일도 있었고, 당일로도 갔다 오기도 하고, 1박도 하고, 맨날은 못 가고 갔었어요. 갔었는데…, 처음에 갔을 때는 힘들었어요, 재판 보는 게.

면담자　　어머님은 법정에 처음 가보신 거 아니셨어요?

재강 엄마　　그쵸. 법정에 그런 건 처음 가봤죠, 그날.

면담자　　분위기가 별로 좋지가 않잖아요. 법원에 보통 사람이 가도 기분이 좋지 않더라구요.

재강 엄마　　[재판에서] 선원들 다 봤잖아요. 굉장히 힘들었어요, 첫날은. 첫날은 힘들어 가지고 막 내가 막 힘들어하니까 부장검사가 잠깐 나갔다 오라더라고. 좀 밖에 있다가 들어오라고 하기도 했는데…, 그 하루 종일 그 [재판] 과정을 지켜보는 게 쉬운 건 아니에요. 내 일이다 보니까… [보긴 하는데], 너무 이렇게 그걸 보면서, 재판 과정을 다 보면서 어떤 때는 [참사 당시의] 시간대가 이제 나오잖아요. 그런 걸 보면 '저 시간이면 충분한데, 왜 헬기가 떠가지고 굳이 애들을 안심을 시켰을까?' 그런 생각 때문에 많이 힘들었죠, 그때는. 그리고 이제 계속 그다음 번 갔을 때 좀 낫고, 또 그다음 번에 좀 낫고 이렇더라구요. 마지막 날은 안 갔어요, 그 재판 마지막 날은 안 갔어요. 판결 난다고 하나? 그때는 안 갔었어요. 안 가고 그때 내가 안산에 일이 있었어요, 재판 있을 때. 몇 번 내려갔었는지 기억이 안 나네. 몇 번 갔어요, 그리고 모텔에서 자고. 거기는 잘 때 또 광주 상주 모임에서 방을, 숙소를 제공해 주셨어요. 목사님이 맨날 나오셨어요, 장헌권 목사님. 맨날 우리 갈 때 오시고, 또 우리 차가 들어가면 입구에서 거기 또 광주 분들이 나와서 피켓 활동하시고…, 그랬던 거 같아요.

그런데 내려갈 때는 보통 [새벽] 5시 이때 내려가잖아요, 5시 출발. 그래 갖고 어떨 때는 올라오면, 어떤 때는 당일 날 올라오는 날은 [저녁] 6시 반에 끝나가지고 올라오고 집에, 안산 오면 [밤] 10시 반, 11시. 그렇게 광주는 재판… 그렇게 다녔죠. 근데 어디든 뭘 하든 한 번씩은 가봐야 되는 거 같애. 내가 다 안 가고 이렇게 있는 게 아니고, 재판하면 재판하는 데도 가봐야 되고…, 그래야 어떻게 돌아가는지도 좀 보겠고, 거기 가서 내, 내가… 거기서… 음… 뭐라 해야지? 내가 가야 그 상황이 알잖아요. 내가 겪지 않고는 그 상황을 이해를 못 하잖아. 어디든 다 한 번씩은 그냥, 계속은 못 가도 한 번씩은 내 생각은 가봐야 된다는 생각. 그래서 광주도 많이 갔어요, 나는. 그렇게 갈 때는 가정을 버리고 가는 거야, ○○이하고 ○○이 아빠. 재강이 아빠는 알아서 밥해 먹고 학교 가고 둘이 그랬던 거 같애.

5
동거차도

재강 엄마　　그니까… 제가 이제 동거차도도 갔다 왔잖아요, 2박 3일로. 그것도 가봐야 되는 거야. 지금 엄마들한테 그러거든요. "한 번 가봐라 또 마음이 틀리다" (테이블을 짚어 표시하며) 거기 가면 여기가 우리가 지키는 데고, 앞에 바로가 사고 해역이에요. 애들[한테]

128
●
재강 엄마 양옥자

수영[해서] 나오라 했으면 수영해서 나와요, 구명조끼 입고. 구명조끼 입으면 물에 뜨잖아요. 수영 다 할 수 있는 거리예요. 그럼 여기 나오면 이 [동거차도 해안] 바위에만 있었어도, 다 나오기만 했었으면 다 살 자린데, 안 가보고는 그걸 못 느끼잖아요. 부표가 여기 떠 있고 여기서 [인양] 일을 하는데, 그래서 엄마들도 가보고, 좀 안 나오시는 부모님들이 특히 가보면 이렇게 좀 '내가 어떻게 해야 되겠다'는 새로운 또 마음이 생겨요. 가서 봤을 때, '왜 굳이 못 나오게 해가지고, 이 자리면 나오는데 애들 다 살 수 있는 자린데' 왜 그렇게 했는지 그런 생각이 들더라고. 부모들이 가봐야 되겠더라고. 그래서 이제 3월, 4월 달쯤 다시 한 번 더 갈 계획이거든요, 동거차도를.

면담자   네. 어머니, 겨울에 가서 추우시진 않으셨어요?

재강 엄마   여기만큼 안 추워요.

면담자   남쪽이라 덜한가 봐요. 그래도 바람 많이 분다고 그러던데….

재강 엄마   바람 불어도 여기 추위만큼 그 정도는 아니에요. 따뜻해요, 그래도. 따뜻하고, 밤에 잘 때가… 아빠들은 위에서 자고 우리는 그 밑에, 어떤 동거차도 주민분이 창고 방을 하나 줬어요, 근데 불이 안 들어가는 방이에요. 전기장판도 없어요. (면담자 : (놀람)) 우리는 그걸 가져갔지, 침낭을 가져갔죠. 침낭 가져가고, 침낭 속에 핫팩을 몇 개 넣고 잤죠. 그게 조금, 씻을 때 찬물에 씻어야 되니까…. 근데 이제 재강이 아빠 같은 경우는 10월 달에 갔는데, 나보다 먼저 들어갔다 왔거든요. 거기 갈 때는 나는 내가 안 가봤으니까, 침낭도 안 주고 그냥 가면 이불 있는 줄 알았어요. 근데 물론 우[위]에는 지키는 데는 있어요. 재강이 아빠는 창고 방에 잔 거야. 추워 죽는 줄 알았대. 이불을 깔아도 냉기가 올라오잖아요, 우리는 핫 팩을 넣고 잤으니까 괜찮은데. 우리도 이불을 두 개를, 거기 있는 이불을 깔고 우리 침낭을 또 놓고 잤거든. 재강이 아빠가 이틀 저녁 잤는데 아주 그냥 추워서 옷을 다 입고 그러고 잤다더라고. 우리도 옷을 벗고는 못 자지 추우니까, 입고는 자, 입고는 자. 밤에 좀 잘 때가 [힘들어요].

면담자   팽목에서 배가 왔다 갔다 하는 거 아니에요?

재강 엄마   아, 근데 그건 있어요. 아니, 아니에요. 팽목에서 들어갈 때 우리가 배를 한 대 빌려갖고, 어선 배를 빌려갖고 들어가는 거예요. 여객선은 있어요. 우린 나올 때 여객선 탔어요, 한시 여객선을.

면담자   들어가실 때는 어선 타고 들어가셨어요?

재강 엄마   영석이 아빠랑 같이 갔으니까, 처음에는 가는 날은 그 교대자랑 같이 갔으니까 어선을 타고 들어갔는데, 1시간이면 들어가요. [여객선을 타면] 3시간 걸려 나와요. 왜냐하면 온 섬을 다 돌고 나오니까. 그래서 지금 진도하고 안산하고 셔틀버스 한 대 운영하는 게, 올해부터는 한 대 가더라고요. 작년까지는 토요일, 일요일, 월요일 3일 운행했었거든. 우리가 일요일 날 올라왔단 말이야, 도언이가 생일이 화요일 이래 가지고. 도언이 생일 때문에 일요일 날 올라왔는데, 일요일 날 나왔는데, 아, 4시에 차가 출발하는데 팽목에 전화를 해놨었잖아요, 우리가 혹시 4시 도착이지만 조금 늦어도 차 좀 잡아놔 달라고. 근데 막 배가 탁 3시 55분에 도착하더라고. 제일 앞에

섰다가 대자마자 바로 가서 차 탔거든요, 버스. 그게 너무 힘들었어, 팽목 들어간 게 힘든 게 아니고. 1시서부터 배를 타고 3시간 나와서 안산 오니까 11시, 길이 좀 막혔죠. 우리 또 내려가는 날, 내려가기 전에 그 서해, 서해대교, 그거 났었잖아요. 사고 나갖고 거기로 못 갔잖아요. 돌아서 가야지, 돌아서 오잖아. 시간이 많이 걸려가지고 그게 제일 힘들었던 거 같애. 안산 오니까 11시. 그러고 나서 허리가 안 좋아 가지고….

면담자　　차에 오래 앉아 계셔서가지고, 그쵸?

재강 엄마　　와가지고 허리가 안 좋아 가지고 저기 했잖아요, 마사지받았잖아, 허리가 아파 가지고.

면담자　　제가 운전해 가지고 10월 중순에 팽목 갔었거든요.

재강 엄마　　힘들죠?

면담자　　네. 해 지고 출발해서 오니까 속도를 엄청 밟아가지고 왔죠(웃음).

재강 엄마　　우리는 또 버스 아저씨는 딱 규정 속도, 규정 속도가 있잖아요. 그게 제일 힘들었다던 거 같애, 동거차도 들어갔다가.

면담자　　섬에 계시는 것도 그렇지만 오가는 게 또 보통 거리는 아니니까.

재강 엄마　　분과 차 타고 내려가서는 우리 또 당일 날 못 들어갔어요. 새벽 5시에 출발했는데 (면담자 : 배 안 떴어요?) 바람이 풍랑주의보[가 내려져서] 못 들어가고 하루 팽목에서 자고, 다음 날 아침에 이제 배가 떠서 9시에 들어간 거죠. 9시 배 타고 들어간 거죠.

면담자   팽목에는 분향소 있는 쪽방에 계시는 거죠?

재강 엄마   예, 거기 방 하나 요기 자라 하더라고. 잤지 뭐. 근데 아빠들이 되게 웃기는 게 어, 아빠들 자는 방이 화초도 있고 방이 엄청 이쁘더라고. 우리는 저쪽 가에 길가 쪽에 자라는 거야. 화장실도 밤에 가기 무섭잖아요.

면담자   예, 거기 해 지니까 되게 깜깜하던데요.

재강 엄마   깜깜하잖아요. 화장실 갈라면 얼마나 무서워요, 뛰어가야지. 밤에 그래서 맥주를 먹으면 안 돼요. 화장실 무서워서 못 가잖아. 누가 자는 사람 깨워서 갈 수도 없잖아, 잠자는 사람. 화장실이 제일 무서워. 가면 막 뛰는 거야. 자갈 소리 나잖아요. 뛰어갔다 뛰어와야 되고, 무서워서.

면담자   어머니 동거차도에서는 밑에 계시다가 위에 올라갔다 하셨던 거예요? 산으로 올라가기 꽤 힘드셨다던데….

재강 엄마   아니, 괜찮아요. (면담자 : 은지 아버님 말씀 들어보니까) 아니, 아니, 안 힘들어요. 산 올라가는 거는 짧아, 여기 금방 올라가. 그거는 그게 힘든 건 아니지, 그 산은. 그냥 산 안 타시는 분들은 좀 힘들랑가? 아니야, 힘든 건 아니야. 금방인데 얼마 안 걸려요, 거리 20분도 안 되는데, 20분 정도 거리밖에 안 되는데.

면담자   아, 그때 아마 물을 다 지고 올라가서 가지고 힘들었다고 하셨나 보네요.

재강 엄마 양옥자

재강 엄마   아, 그러니까 힘들지. 은지 아빠는 물을 지고, 지게를 지고 올라가는 사람은 힘들지, 이게 가파르니까. 우리는 올라갈 때 짐이 별로 없었어요. 우리 갈 때는 짐 별로 가져갈 게 없어 갖고, 영석이 아빠, 소희 아빠, 최창덕 아저씨, 이 세 사람 있었잖아 남자가. 세 분이 메고 도언이 엄마랑 나랑은 몸만 따라가고. (면담자 : 그러면 다섯 분이 같이?) 아니요. 우린 이틀만 있다가 왔으니까, 우리는 이틀만 그냥 우리는. (면담자 : 먼저 나오신 거예요?) 예, 이틀만 있다가 오는 거니까, 따라간 거니까. 지금 영석이 엄마 들어갔잖아요. 그런 식으로 일단 온 거지. 셋이 들어갔지, 셋이. 남자들, 아빠들 셋이 잤지 위에서.

면담자   4반 어머님들도 모여 계실 때 얘기 들어보니까 머리 안 감으신다고, 씻으면 물 아까워서(웃음).

재강 엄마   난 그분들이 무서워요. 제일 무서운 사람들이 그 사람들이야. 왜냐하면 엄마들끼리 어떻게 산에 있었냐고요, 무섭던데 밤에.

면담자   저도 경빈 어머니 갔다 오셨다는 말씀 듣고서 어머님들끼리 어떻게 계셨냐고 놀라서 여쭸어요.

재강 엄마   그러니까 그죠? 밤에. 그 산에 아무도 없거든. 엄마들끼리 산에 어찌 있냐고. 영석이 아빠랑 계속 그 얘기했어, 어휴, 산에 엄마들끼리 어떻게 있었냐고. 우리는, 밤에 해가 빨리 떨어지잖아요, 빨리 저녁 먹고 5시 되면 저녁 먹고 내려왔어요. 도언이 엄마랑 못 내려오니까, 우리 올라간 날, 우리 들어간 날 어디서, [4·16]기억저장소에서 왔다 하더라고. 근데 촬영하러 왔더라구요, 그 사람들이. 네 명이 와가지고 그 사람들이 우리 데꼬 내려왔지. 안 그러면 영석이 아빠가 또 데려다주고 올라가야 되는데, 영석이 아빠가 이제 빨리 데꼬 내려가라고, 7시도 안 됐는데 내려가라고…. 내려와서 우리 둘이 뭐 하냐고요. 테레비도 없고.

면담자   그러니까 어떻게 지내셨어요?

재강 엄마   창고 방에[서 지냈지요]. 그랬더니 영석이 아빠가 그 집 주인한테 전화를 했더라고, 우리 소주 한잔 멕이라고. 소주를 한잔 먹는데, 그 옆에 집 지러 온 업자가 있었어요. 업자가 나이는 60대 초반이나 50대 후반이나 되는데 얼마나 말을 함부로 하는지, 도언이 엄마 엉엉 울었었잖아.

면담자   (놀라며) 어떻게 그분하고 같이, 동석을 하게 됐어요?

재강 엄마   도언이 엄마랑 나랑 소주 사러 간다고 동네 슈퍼를 찾아 나갔어요, 가게를. 거기, 그 집주인이랑 사람들 밖에서 얘기하고 섰더라고, 우리가 물어봤지. 여기 걸어 내려가니까 인사하고 "안녕하세요" [하고] 내려갔어요. 내려가니까 부르더라고. 영석이 아빠 그때 딱 [집주인한테] 전화를 한 거야, 아줌마들 둘이 소주 한잔 주라고. 그랬더니 우리가 딱 내려가고 하니까 [집주인이] 올라오라고 [해서] "왜요?" 그랬더니, 자기네 집 방에 들어가서 차 한잔하자는 거야. 그분이 어머니하고 둘이 살거든. 애들은 여기 신천리[시흥시 신천동] 살아요, 자식들은. 거기서 학교 못 다니고 하니까 직장생활도 하고 하니까. [우리가 주인집으로] 들어갔어. 들어가 갖고 우리 셋이 그 어머니랑, 어머니는 술 안 드시고 우리 옆에 앉아 계시고 그 아버님하고 셋이서 소주를 먹고 있는데 왔더라고 그분[집 지으러 온 업자]이. 와가지고 우리보고 하 이제 그만하라는 둥, 도언이가 여자애잖아, 나는 아들이잖아요, 둘이 영혼 결혼시켜 주고 끝내라는 둥 막 자기가 뭐, 막 이상한 소리 해갖고 도언이 엄마가 나중에는 막 성질이 나갖고 그랬더니, 이 주인아저씨가 가라고, 가라고 그래 갖고 [그 사람이] 갔잖아요. 도언이 엄마 울고 그래 가지고 엄청 속 많이 상했거든. 말이 안 [되는 이야기를…], 들어오자마자부터 하여튼 우리한테 계속 그걸 얘기했어, 영석이 아빠랑 소희 아빠한테. 근데 그다음 날 또 우리 오는 날 그 아저씨가 지나갔는데, 나는 못 봤는데 도언이 엄마 봤다더라고, 차 타고 지나가는데. 영석이 아빠 물 지러, 물 가지고 내려와서 그 아저씨들하고 또 술을 먹은 거야. 영석이 아빠가 한마디 했다더라고.

면담자   아, 그 아저씨한테? 아버님들한테는 안 그러지 않았을까요?

재강 엄마   아니, 그거는 모르겠고. 영석이 아빠가, 그 아저씨가 목포 사람, 목포 사람이에요. "나도 전라돈데 그러지 마쇼이!" 막 그랬나 봐. 우리 어머니들 왔을 때 그렇게 하시지 마라고, 가슴 아픈 엄마들 왜 그러냐고 막 뭐라 했대. 그랬더니 미안하다고…, 근데 그 사람은 그럴[미안해할] 사람이 아니야.

면담자   술 취해서 그런 것도 아니고요?

재강 엄마   술주정이 아니야. 그 사람 자체가 내가 봤을 때, 영석이 아빠는 사과는 했다는데, 그 사람은 그 진심으로 하는 사과 같은 건 아닐 거야. 그 사람 자체가 그럴 사람이 아니야, 내가 보기에는.

면담자 어머니도 되게 언짢으셨겠네요?

재강 엄마 엄청 속상했죠. 뭐 언론에서도 그렇지만 이 사람도 약간 우리를 거지 취급하는 느낌이 드는 거야. 그래서 내가 그랬지, 우리 거지 아니라고, 우리 거지 아니라고, 거지들 아니라고, 부모들, 난 내 새끼 제주도 안 보내고 싶었다고, 해외 보내고 싶었는데 학교에서 제주도 가라길래 간 거라고. 도언이 엄마도 열받아 갖고 우리 거지들 아니라고…. 하여튼 우릴 약간 그렇게 취급을 하는 거야. 거지 아니라고 그랬지. 나중에는 그 [주인집] 어머니도 그 속상해 가지고, 마음 아픈 엄마들한테 와서 그런다고 가라고, 가라고 하니까 가더라고. (면담자 : 그 어머님은 연세 좀 있으셨겠네요?) 어머니는 그쵸. 집주인 아저씨가 마흔아홉이니까 이제 오십이지. 이제 오십이니까 어머니는 한 칠십 되셨지.

면담자 멀리 가셨는데 거기서 이상한 사람 또 만나고 그러시니까.

재강 엄마 도언이 엄마가 상처를 많이 받았어, 그때. 힘들어서, 힘들게 많이 받았지. 그 어머니가 다음 날 아침밥도 해주시더라고. 아, 민망해 죽는 줄 알았어요. 왜냐하면 어르신한테, 우리는 일어나서 씻고 산에 갈라고, 산에 가서 먹을려고, 산에는 햇반 먹거든요. 햇반 데워 먹으니까, 산에 가서 먹을려고 그랬는데 어머니가 또 와서 먹으라 하니까, 또 어르신이 해주시는데 안 먹을 수도 없고….

면담자   그러니까요. 안 먹기도 그렇고, 차려주신 밥상을 받기도 그렇고….

재강 엄마   민망하고 그래서, 먹고 설거지해 놓고 산에 올라갔다니까요. 그 저기들도 왔더라고, 그 기록단에서 온 사람들도. 그래서 그 사람들은 교회에서 잤대, 교회에서 잤다고 왔더라고. 같이 산에 올라갔다가 같이 올라왔어요, 우리랑 같이. 나와서 안산까지 같이 올라왔어요. 서울인데 그 사람들은 아, 저기 한다더라고, 아가씨만 부산으로 내려가고 남자 셋은 서울로 올라와야 된대. 어차피 고속버스 타야 되니까 같이 그냥 버스 이거 타자고, 버스 자리도 많으니까 같이 타고 올라왔지 안산까지. 안산에 와서 우리가, 도언이 엄마랑 나랑 고잔역에, 아 초지역에 데려다주고 들어갔지. (면담자 : 안산에서 서울이야 뭐 금방 가니까) 아니 그니까, 고속버스도, 버스 탈려면 또 나가야 되잖아, 팽목에서. 돈도 없는데, 학생, 학생들이잖아요. 학생들 돈도 없는데 같이 타고 올라왔지.

6
후회되는 일: 사건 당시 바지선을 못 탄 것

면담자   활동하시면서 약간 후회되시거나 그런 건 없어요? 어머니가 여러 군데 다 활동하는 게 좋다고 말씀하셨는데, 또 한편으로는 활동 안 하시는 분은 그냥 모르시니까, 모르면 약간 마음이 덜 힘들 수도 있잖아요.

재강 엄마   속은 상하죠, 속은 상하죠. 왜냐하면 부몬데 좀 같이 나와서 활동을 해줬으면 좋겠는데 안 하시니까 속은 상한데, 근데 이제 지금은 많이 마음을 내려놨지만 초기에는 솔직히 속상했어요. '어떻게 부몬데 자식이, 자식을 보냈는데 그럴까', 그분들도 나름대로의 고충은 있겠지만, 그래서 지금은 이제 조금 많이 내려놨는데, 그때는 많이 속상했죠. 나는 내가 후회되는 건 없어요. 내가 왜냐하면, 아까 얘기했잖아, 내가 다 가본다고, 그러지 않기 위해서 내가 얘기, 그 얘기, 내가 진도 있을 때 그 재강이 찾기 전에 바지를 한, 바지선을 한 번도 안 타봤었어요. 거기 내가 17, 18, 19, 20일까지 4일 있었잖아. 4일 있었는데 나는 체육관에서 팽목을 안 나가봤어요. 재강이 왔을 때만 나간 거야. 그때는 아주 바보야, 내가 왜 이렇게 그, 그래서 내가 지금 막 다…. 우리 큰오빠가 바로 올라왔었거든요. 함양에서 올라와 가지고, 올케언니랑 같이 와가지고, 올케언니가 재강이 찾을 때까지 같이 있었거든. 올케언니가 그냥 여기 있으라고 그래 가지고 그냥 가만히 그 자리 앉아 있었던 거야. 내가, 그게 이제 재강이 찾고 올라와서 보니까 내가 그게 너무 후회스러운 거야. 팽목에 나가서 바지선을 한번 탔어야 됐는데.

면담자   그 현장을 못 본 게 계속 마음에 남으신 거예요?

재강 엄마   계속 나한테 그게 후회가 되더라고. 그래서 지금 활동할 때는 내가 후회 안 되게 계속 내가 갈 수 있는 거는 가는 거예요. 그래서 일정이 힘들지 않게, 왜냐하면 나도 몸이 좀 다른 사람에 비해서 깡이 안 세요. 아프면 나는 맥을 못 춰요. 아침에 내가 또 부지

런한 성격이 못 돼. 다른 사람들은, 엄마들 일찍 움직이잖아요. 나는 애들 키울 때도, 내가 애들 학교 보내고 오전에 내 집에 누워 있고 이래, 이랬었거든. 내가 바지런한 성격이 못 돼갖고, 몸이 힘드니까 내가 몸이 힘들지 않는 한계에서 뭐 움직이, 계속 가는 거죠. 그때 바지선을 못 타본 게 너무 후회되더라고. 1주기 때도 거기, 거기를 그래서 꼭 가봐야 된다고 하고 간 거예요. 이제 지금 후회하지 않기 위해서, 안 가고 후회하는 것보다 가고 후회하는 게 낫더라고.

면담자   가서 좀 마음 아프셔도 그래도 가시는 게 더?

재강 엄마   그래서 동거차도도 안 가는 것보다 내가 갔다 오고 후회할 거는 없어요, 그렇게. 내가 그렇게 하고 나서, 안 가가지고 그때가 너무 가슴이 아팠거든. '내가 왜 그러고 있었을까 바보처럼', 그게 내가 너무 후회스럽더라고. 그래서 지금은 움직일 수 있는 데는 다 움직이자 하는 거, 해서 움직이니까….

7
4·16특별법 서명 활동

면담자   특별법 서명받으실 때도 반별로 지역별로 많이 나가셨잖아요. 7반 어디 나가셨어요?

재강 엄마   부산. 1박 2일은 부산, 또 2박 3일은 창원에서 부산으로 이렇게 해서 올라왔거든요. 그니까 그런 거 다 가는 거예요. 2박 3일 갔을 때는 나 혼자 갔고, 1박 2일 부산 갔을 때는 아빠랑 같이 갔었고. 동생은 그때 사촌 언니 와서 같이 있었고, 조카지 조카, 재강이 아빠 조카가 와 있었고, 걔랑 둘이 자고, 아빠랑 나랑은 1박 2일로 부산에 서명받으러 같이 갔었죠. 그래서 부산에 가서 서명받으러 갈 때 차에서, 그때는 엄마, 아빠들이 같이 많이 나왔잖아요. 조를 두 명씩 짜야 되는 거야. 나는 부산역에 있었거든요. 부산역에 있을 사람, 또 거기 대책위에서 다 어디를 서명받을 거를 해놨잖아요. 음, 혼자이신 분들도 있잖아, 부부끼리 가면 안 되잖아. 그래서 내가 부부끼리 가지 말자고 했어요. 부부끼리 팀 짜지 말자고 했어요. 그냥 막 짜자고. 그랬더니 우리 반 한 어머니는 자기 남편하고 해야 된대 (웃음). 그래서 그냥 그분은 그렇게 하시라고 남편하고 하시고, 나는 우리 반에 아빠, 혼자 사시는 아빠랑 팀 짜가지고 부산역에 있었거든. 재강이 아빠는 수빈이 엄마랑 그쪽은 남 뭐지? (면담자 : 남포동) 어, 그쪽으로 가고 각자 찢어져서 했죠, 서명. 저녁에는 잠은 같이 자라네, 부부가, 안 자도 되는데(웃음). 그렇게 서명하고 올라오고, 또 2박 3일 창원 그쪽, 창원에서 옆으로 거제도 쪽 갔다 오고, 아, 그러고 나서 그해 가을에 또 우리가 저쪽에 갈 일 있었어요. 창원 쪽에 또 갈 일 있었어, 가을에. 그래서 또, 그때도 1박 2일로 갔다 왔지, 1박 2일로 갔다 왔어요. 작년인가 작년 봄인가, 아 가을이었던 거 같은데, 재작년 가을이었던 거 같은데.

면담자   재작년 가을? 이때도 특별법 서명받으러 가셨겠네요.

재강 엄마 양옥자

<u>8</u>
금속노조 집회에서 발언

재강 엄마   그게 그때가 그거 철, 그거 한다 했을 때 무렵이야, 해수부 철수한다 할 무렵이야. 그때 11월 달 조금 안 됐었던 거 같애. 우리가 거기서 어디로 갔냐면 창원에서 사관학교가 있는 데가 어디죠? (면담자: 진해?) 진해를 갔었어요. 진해를 갔는데 진해에서 그분들이 배 만드는 노조, 금속노조에서 오셔갖고 갔는데, 그 얘기가 나온 거야. 겨울에는 추워서 바다에는 못 들어가서 철수한다더라 그랬더니 그분들이 그러는 거야. "웃기고 있다"고, "왜 겨울에 바다에 못 들어가냐고 해군 애들이, 다 들어간다"고, 그때 그걸 알았죠, 그 해수부에서 일부러 뺀다는 걸.

그리고 제가 그때 진해 갔을 때 나를 발언을 시켰는데 나는 몇 사람 안 되는 데 가서 발언을 하는 줄 알고 "어, 알았어" 하고 갔는데, 어머 금속노조 몇천 명 되는 데를 올라가서 발언을 시킨 거야. 내가 발언문 써달라 했거든. 써갖고 핸드폰 읽는 것도 잘 안돼요, 솔직히. 어머머 너무 황당해 갖고 발언 반 하고 울다가 내려왔어. 도저히 안 되겠다고 미안하다고 못 하겠다고 하고 내려왔어. 그때 내가 얼마나 놀랬는지 몰라요. 많은 사람 앞에 가서 발언도 안 해봤는데, 그게 잘못 간 거야. 말 잘하는 사람들은 딴 데 가고 나를 글로 보낸 거야. 어후, 내가 그때 정말 쥐구멍이라도 있음 들어가고 싶은 거야. '내가 왜 한다고 했을까, 왜 한다고 했을까' 후회를 얼마나 많이 했는지 몰라요.

| 면담자 | 노조 분들만 계셨는데도 그렇게 인원이 많으셨어요? |

재강 엄마　　금속노조가 그날 저기 했던 거 같애. (면담자 : 집회?) 집회 있었어요. 집회 있는 자리에 우릴 데꼬 갔는데 황당하죠(웃음). 그리고 나서 그날 저녁에 진해 가서는 발언했는데 사람이 작으니까 거기서는 이제 짧게 이렇게…. 그 많은 사람 앞에서 나를 갖다 세우면 안 되지, 다른 사람을 세워야지. 중근이 아빠가 갔어야 됐는데, 중근이 아빠랑 나랑 바뀌었어야 됐는데, 그래서 내가 얼마나 후회를 했는데…. 와서도 내가 그 얘기 했어요, "나를 왜 글루 보내냐"고, "중근이 아빠 같은 사람이 갔었으면 더 잘했을 텐데".

9
간담회, 발언보다 몸으로 실천하는 활동

면담자　　어머니 활동하시면서 어머니하고 잘 맞는다, 그런 게 있으셨어요? 사람 많은 데서 얘기하시는 것보다는 간담회가 더 잘 맞으세요? 어떠세요?

재강 엄마　　저는 그래서 간담회 같은 거 잘 안 했어요.

면담자　　아, 간담회도 초기에 잘 안 하셨어요?

재강 엄마　　지금도 안 해요. (면담자 : 지금도 간담회는 잘 안 하세요?) 저는 그래서 어디 나가서 말하는 데 안 간다니까요. 몸을 움직이는 데만 가요. 그래서 간담회는 한 번도 안 갔었고, 국회만 지키고, 작년에 같은 경우는 어디 뭐 와라 하면 그런 데만 가고, 몸을 움직이는 데, 피켓 들으라 하면 피켓 들고 그런 데만 움직였거든요. 근데 이제 이번 주 토요일 날 순창에 〈나쁜 나라〉 간담회 가요.

면담자   아, 상영회? 거기 극장이면 사람 그래도 적은 편이니.

재강 엄마   그래서 도언이 엄마 데꼬 가요. (면담자 : 그러면 좀 많을 수 있을 거 같은데) 아니, 도언이 엄마 데꼬 간다고. 도언이 엄마가 말을 잘해요. 그래서 도언이 엄마 데꼬 가서 밀고, 따라가는 것만 한다 했어요. 그래서 도언이 엄마가 말을 하니까 우리는 따라가는 거, "따라가는 거는 할게" 그랬죠. 말 못 해요, 사람들 많은 데 가서. 그리고 기억 안 나는 것도 많구, 들어도 그 순간이에요. 나는 막 듣고 기억 안 나는 게 많으니까, 잘 조리 있게 말을 못 하니까 에이, 안 가는 게 나아요. 그래서 "내 몸을 움직이는 데는 갈게요" [하지요]. 7반 엄마들이, 7반 부모들이, 우리 엄마들이 간담회를 많이 안 갔어요.

면담자   아, 어차피 어머니들이 각자 좋아하시는 부분도 있고 잘하실 수 있는 게 있으니까.

재강 엄마   그렇게 간담회 하시는 분들만 계속하시잖아요. 근데 어떻게 보면 또 그거는 내가 봐도 아닌 것 같기도 해, 너무 가는 사람만 가니까. 왜냐하면 보는 사람만 보니까 듣는 사람 입장도 이 사람 얘기도 들어보고 싶고 그렇지 않을까 그런 생각도 들더라구요. 이번 주는 가고 또 월요일 날은 춘천 가요.

면담자   거기도 영화 상영이에요?

재강 엄마   예. 지금은 1월 달은 다 영화 상영인데, 말일에는 상주 가, 도언이 엄마 데꼬. 도언이 엄마 따라, 도언이 엄마 따라간다 했지. 뭐 도언이 엄마가 가서 물꼬를 터야지 우린 물꼬도 못 터요. 우리 같은 사람 보내면 그 부른 사람들이 "쟤네들 왜 왔어?" 그럴 거야(웃음). 이번에 감독님도 온다는 거 같던데, 저기 순창은. (면담자 : 주말 1박 2일 일정이세요?) 아니요, 당일로 와야죠. 3시에 상영이래요. 3시 상영이면 2시간 하면 5시, 간담회 끝나면 한 7시 정도 되면, 저녁 먹고 당일 날 올라와야죠. 올라와서 일요일 하루 쉬어야지. 쉬었다가 오후에 재강이한테 들렀다가, 또 월요일 날 춘천은 7시예요. 춘천 7시 (면담자 : 저녁 7시?) 예. 보고 나면 11시, 12시니까. 아, 춘천이 아니고 원주구나 원주. 원주, 원주는 밤에 길 안 막히면 1시간 좀 더 걸리면 오니까, 도언이 엄마 운전하고 갈 거니까 당일로 와요.

10
광화문 지킴이, 교육청 피케팅, 밥값식당

면담자   광화문은 7반도 요일 정해져 있어요?

재강 엄마   아! 맞다. 또 저기 2014년 광화문 우리 한참 갈, 엄마들 반별로 올라갔잖아요. 그때도 7반이 끝까지 지켰어요, 광화문을. 영석이 아빠 있잖아요, 계속 거기 지켜. 갔다가 거기도 일주일에 나눠서, 또 국회 빠지면서 우리가 또 광화문으로 갔었어요, 7반 엄마들이. 다른 사람들은 간담회 다닐 때 우리 반은 그렇게 몸으로 때우는

데 움직였어요. 광화문은 가다가 밥값식당 열면서 안 가요. 왜냐면 시간이 안 돼 내가, 광화문 갈 시간. 화요일 날, 그 7반은 수요일 날 가요. 수요일 날 또 시간이 안 돼서, 화요일 날 10반 갈 때 따라다녔어요, 광화문을. 내 반에 갈려면 내가 시간이 안 되잖아요. 그래서 그냥 반에 못 가면 따라 다른 반에 따라가면 되니까 그래서 10반 엄마들한테 물었지, "나 가도 되느냐?"고. 10반 엄마들이 오라 해서 따라가요. 10반은 9반하고 둘이 퐁당퐁당이야, 한 주는 9반이 한 주는 10반이. 교육청 피케팅도 그렇게 해요. 우리는 금요일마다 가는데 거기는 수요일 날 하거든, 교육청은. 한 주는 9반이 한 주는 10반이, 그렇게 해요. 그 두 반은 그렇게 해.

　그래서 하다가 밥값식당, 영석이 엄마가 처음에 밥을 하다가 영석이 엄마 병원 가는 바람에 12월 달, 11월 달부턴가 엄마들이 돌아가면서 들어갔잖아요. 그래서 내가 화요일 날 시간이 되니까 화요일 날 광화문 못 가고 이제 밥값식당에서 밥하잖아요. 그래서 광화문은 작년 11월 달부터 안 간 거죠. 그때 따라가다가 안 갔어요. 밥값식당에 밥하러 오면서부터. 교수님하고 밥을 했는데, 교수님은 처음에는 이제 교수님이 와서 막 준비해서 했는데 요즘은 조금 조리를 해갖고 오시더라고. 어저께도 (면담자 : 김익한 교수님?) 반제품 해오셨더라고. 그니까 우리가 가스레인지가 블루스타니까 너무 힘든 거야. 교수님하고 둘이 정신이 없어요. 그래 갖고 안 되겠어서 어제부터 성복이 엄마 또 불렀어, 같이하자고. 교수님하고 할 때는 세 명이서 해야 돼. 다른 반들도, 다른 팀들도 세 명이서 하더라고. 내가 성복이 엄마 불러갖고, 난 딱 둘이 해야 되는 줄 알고 했더니 세 명 해야 되겠더라고. 그러니까 설거지하기도 편하더라고.

면담자 보통 어머니 몇 인분?

재강 엄마 우리는 어제 같은 경우는 어제는 광주를 내려갔잖아
요. 아니 저기 진도 내려갔잖아, 그거 엄마, 부모들이. (면담자 : 맞아
요. 유류품 조사 가신 거죠?) 그래서 확대운영위 회의도 없었죠. 화요
일 날 확대운영위 회의가 있어요. 그니까 화요일 확대운영위 회의
있지, 우리 아빠들 목공방 있지, [4·16]기억저장소도 또 화요일마다
밥 먹으러 온대, 또 거기 실무관들도 먹지 다. 어제는 열몇 명, 20명
정도 밥 먹었나? 그러고는 지난번에는 60명 정도 먹었어요. (면담자 :
(놀람)) 그때 또 지난번에 영석이 엄마랑 성복이 엄마가 중간중간 설
거지 해주고, 각자 설거지 각자가 하자 하는데 (면담자 : 그게 잘 안되
죠) 화요일 날은 너무 복잡해서 안 되고, 그리고 그게 각자가 하니까
설거지도 안 깨끗하고. (면담자 : 맞아요) 그 말이 나와서 하는 사람
하고 아니면 식당에 있는 사람이 하는 걸로 했거든. 많이 먹어요. 밥
같은 경우는 화요일은, 화요일이 제일 많아요. (면담자 : 정신없으시겠
네) 바빠요. 기본 40명 정도는 먹는 거 같애, 화요일 날은. 화요일 날
제일 많이 먹고….

11
당직, 공방 활동

면담자 일요일도 전체회의 있다고 하셨잖아요?

재강 엄마　　　6시. (면담자 : 아 그럼 운영위는 화요일?) 확대운영위는 임원진들 회의고, 총회는 이제 우리 부모님들 [모두 참석하는 회의인데], 요즘은 많이 안 나오시는 분들도 많고. 그리고 밤 당직도 있죠. 요즘 부모님들 당직도 자주 돌아와 죽겠대. 한 달에 세 번이잖아. 한 달에 세 번씩 당직, 분향소 밤에.

면담자　　　어머니 공방 활동은?

재강 엄마　　　해요. (면담자 : 그건 언제 하세요?) 어, 목요일 날은 또 목공반 하고, 금요일 날은 금요 피케팅하고, 월요일 날, 수요일 날 시간 될 때 이제 가는 거예요, 월요일, 수요일.

면담자　　　목공에 어머님들 하시는 분도 있으세요?

재강 엄마　　　목요일에 해요. 근데 엄마들은 거의 이번에 손 놓, 이번에 지금 하는 거, 자기 작품 하나씩 만들고 아마 안 할 거 같아요, 많이. 아버지들은 기초부터, 아빠들은 배워갖고 뭐가 되는데 엄마들은 기초를 안 배우고 그냥 무작정 해노니까, 그래서 안 될 거 같아서 수연이 아버님한테 제가 건의를 했었거든. 아버님도 그렇게 생각하신다 하더라고. 그래서 기초부터 하실 분들은 어, 강사를 초빙을 해서 강사료를 내고 그렇게 하는 걸로 인제 한다더라고요, 그렇게 하시라고. 나보고 할 거내, "아니요. 저 사서 쓸래요" 그랬어, "사서 쓸게요". 그니까 목요일 날은 그거 하고 오후 되면 공방에 좀 앉아 있다가 가고 뭐. 공방은 시간 시간에 가요. 내가 할 일 없을 때는 거의 공방에 나와요. 집에 안 있고 공방에 나와요. 토요일하고 일요일만 집에 있는 거 같아요. 월요일 같은 경우도 공방에 나가고 화요일도 밥[값]식당 끝나고 성빈 언니가 공방장님이 애들 방학이라 갖고 시간을 길게 못 있어서 지금 순번을 정해놨거든요. 성복이 엄마가 화요일 날 한다 했대. 그래서 나랑 둘이 식당 하고, 공방 5시 반까지 지키는 거야. 그리고 마지막 청소기 밀고 집에 가는 거야.

면담자   공방에도 초기에 선생님 오셨었죠?

재강 엄마   아, 퀼트 해요. 월요일 날은 퀼트 해요, 월요일. 수요일 지금은, 퀼트 하는데 음, 월요일, 수요일 퀼트 해요. 근데 뭐 저 같은 경우는 맨날 뒤처져져 갖고…. (면담자 : 과제 다 내주시지 않아요?) 아니요. 과제는 해야 되는데 빨리, 엄마들이 퀼트를 많이 하면 엄마들이 너무 많아요. 정신이 없는데 이게 바느질이 잘 안되잖아요. 좀 대충해 가지고 집에 가서 좀 많이 해요. 그리고 월요일 날 어떤 때 못 나오는 날이 많아요. 어떻게 하다 보면 저번에 같은 경우도 부산 갔다 왔거든, 졸업앨범 때문에.

면담자   그 원주 가서야 되고 하는데 또 월요일 일정 소화하시려면 힘드시겠어요.

재강 엄마   예, 빠질 거예요. 작품 만들 거 받았을 때는 그다음 번에 나가서 배우는 거예요, 다른 사람들한테 그럼 가르쳐주고. 이제 또, 그래서 나는 너무 작품이 밀려갖고 저번에는 쿠션은 안 만들었어요. 안, 안 한다고 왜냐하면 지금 해야 되는 게 있어서 따라가기도 바빠 죽겠다고 안 하고. 월요일 날, 다음 주 또 원주 가니까, 아, 원주 가는 날은 하죠. 네, 7시니까 수업은 하고 가죠. ○○이가 밥을 아빠랑 둘이 먹는 거지.

148

재강 엄마 양옥자

12
사건 후 생각의 변화

면담자 그 사건 전후로요, 제일 많이 어머니 생각이 바뀌었다, 그런 게 있다면 어떻게 말씀해 주실 수 있을까요?

재강 엄마 제가 생각이 바뀐 게 사건, 이 일이 있기 전에는 그냥 저는 그랬지 뭐, 다 부모들이 그렇듯이 내 아이들 키우고 우리 가정만 지키고 살아가면 된다고 생각하고, 그리고 방송에 나오는 그것만 믿고. 그 봤을 때 아, 이렇게 방송에 나오면 '아, 저게 맞나 부다', 우린 그걸 믿고 그런가 보다 하고 살았잖아요. 솔직히 나 같은 경우는 좀 나도 새누리당, 그 여당에 강한, 경상도 쪽이 그렇잖아요, 그게 그쪽으로 강했었잖아요. 지금은 이제 그건 아니고, 그니까 그래서 나는 내 가정, 그래서 남을 돌아보지 않았다고 해야 되죠. 옆을 안 돌아보고 그냥 이렇게 가정만 지키고 나가고, 그리고 내 가정 식구들 이렇게만 했는데, 지금은 그러고 나서 보니까 내가 이 사고를 나고 나서는 내가 많은 것을 알게 됐죠. 대한민국이 어떻다는 걸 알게 됐고, 언론이 어떻다는 걸 알게 됐고, 정치인들이 어떻다는 것도 알게 됐고, 그리고 이제 새누리당, 정치를 당, 새누리당이든 더불어민주당이든 여야 간에 정치인들은 음, 그 사람들에 대한 믿음은 없죠, 불신밖에.

왜냐하면 솔직히 뭐 민주당도 잘한 건 없잖아요, 별로 뭐. 우리 지금 뭐든 하는 게 부모들이 움직여서 하는 거지 정치인들이 우리를 [위해] 해주는 건 없잖아. 잠깐 지네가 도와준다고 했다가 흙탕물만

튀고 가고 그러잖아요. 그런 걸 알게 됐죠. 그래서 좀 대한민국이 어떻다는 걸 많이 알았죠. 정말 많이 알았죠. 그전에는 이렇게까지 몰랐으니까. 그냥 이렇게 살아가면 되나 부다 하고 내 아이들…, 지금은 너무 많이 알아버려 갖고 딸하고 나도 우리 방송을 보면서도 아빠랑 셋 다 불신이 많아요. 뭐. (면담자 : 뉴스 보더라도 그러시고) 뉴스를 보면 불신이 많아요.

저번에 얼마 전에 같은 경우는 군인이 새벽에 그 총 맞아서 사망했잖아요, 전방에서. 그거 뭐 조사한다고, 철저하게 조사한다길래 그랬지, '철저하게 조사하기는, 저러다가 은폐하겠지. 다 숨기고, 은폐하고 말겠지', 이제 그런 쪽으로 그렇게 사람 생각이 그렇게 되더라고. 우리나라는 모든 게 딱 오픈하는 게 없잖아요. 딱 감추고 언론에 내놓을 때는 포장만, 포장을 딱 해갖고 보이니까, 그런 게 눈에 많이 보이더라고. 대통령도 믿음도 없고, 그래서 지금은 또 우리가 국민들한테 솔직히 도움도 많이 받았잖아요. 그래서 그것도 참, 난 남한테 민폐 끼치는 게 되게 부담스러움을 느끼는데, 많이 부담스럽고, 다음에 언젠가는 우리도 해야 되겠죠. 하고 있잖아요. 마켓['엄마랑 함께하장'] 해갖고 후원하고 있고 그런 걸 하니까, 내가 받은 만큼 또 나중에 다른 쪽으로 해야 되겠, 해야지 그런 생각도 하고 그런 거 같아.

13
동생 ○○이

면담자 ○○이도 사실은 어린데 어머니하고 이제 비슷한 생각을 하게 된 거잖아요? 세상도 많이 알게 되고. 앞으로 ○○이는 어떻게 살았으면 좋겠다 그런 생각 있으세요?

재강 엄마 옛날에는 막 공부도 해라 해라 했고 했는데 지금은 너가 알아서 하라 하고…. 우리 고모네 딸이 작년에 캐나다 1년 있다 왔어요. 근데 걔가 졸업을 안 하고 갔어. (면담자 : 고등학생?) 아니 대학생. 4학년 한 학기, 1년 남았는데 졸업을 안 해가지고 올해 들어왔어요, 학교 1년 다니고 졸업한다고. 걔가 졸업을 하고 갔었으면 안 나올라 했었대요, 한국에를. 캐나다 가니까 좋았나 봐요. 그래서 고모 얘기로는 졸업하고 갈지도 모른다 하더라고, 그래서 보내라고, 나중에 ○○이도 보내겠다고…. ○○이 같은 경우는, 나는 그래요 지금 그냥 자기가 하고 싶은 거 하고 했으면 좋겠어요. 나는 재강이 때도 마찬가지예요. 그렇게 막 "이거 안 돼", 그거는 없었으니까. 재강이 내가 얘기했잖아, 학교도 지가 원하는 대로 간다 하길래 가라고. ○○이도 마찬가지예요. 자기 진로는 자기가 찾아서 가게끔, 알아서, 나는 뒤에서만 봐야지 뭐 내가 이것저것 간섭을 안 하고 싶어. 그래서 만약에 ○○이가 해외 나가서 살고 싶다 하면 그냥 보낼 거고 할 거예요. 우리는 못 가지만, 우리는 재강이를 내두고는 못 가니까, 그렇게 할, 했으면 좋겠어, ○○이. 아빠도 그런 생각이고.

14
건강, 청운동, 광화문 현판 앞

면담자   어머니, 앞으로도 계속 활동 쪽….

재강 엄마   네, 해야죠.

면담자   건강은 그동안에 많이 안 좋아지시진 않으셨어요?

재강 엄마   아, 몸은, 몸이 이제 지금 몸에서 신호가 조금씩 와요. 그 버스 타고 갔다 와 진도, 팽목 갔다 왔을 때 허리 아프다 했잖아요. 그게 이제 조금씩 오고, 조금 저기 하면 어깨 같은 경우도 많이 아프고, 몸에서 조금씩은 신호가 오는 거 같애, 몸이 망가져 노니까. 우리가 막 길바닥에서 잤잖아요. 우리 그때 작년에 1주기 때 현판 앞에 또 선발대로 갔잖아요. 나 또 거기도 갔잖아요. 몸으로 싸우는 데 다 간다고 했잖아요. 도언이 엄마, 예진 엄마, 나, 그 우리 첫날 간 날은 현판 앞에서 앉았잖아요, 앉아 있었잖아. 그리고 이튿날 현판 앞에서 잤잖아, 바닥에서, 맨바닥에서. 그니까 그런 게 이제 나오는 거예요. (면담자 : 거기도 계셨구나) 거기 있고, 그 마지막 날 밤에 우리 막 저기 했잖아요, 캡사이신 뿌리고 했잖아. 청운, 청운동 쪽으로 갔을 때 경찰들 뚫고 나갔는데 입구에서 머리를 잡힌 거야. 애네들이 머리를 잡고, 나를 이렇게 해서 내 얼굴에다 캡사이신 뿌리고 있더라고. 그때는 걔네들, [유가족이] 노란 잠바를 위에 입었잖아요, 그런 것도 상관없어요. 부모, 유가족이라는 것도 상관없고 그냥, "야, 잡아! 뿌려!", 얼굴에다 막, 막 뿌리더라고. 머리, 머리를 팍 잡고 뿌려가지고, 아주 뭐지, 개 끌듯이 끌더라고. 막 내가 소리 질렀지, 니네들도 새끼 잃어보라고.

　어떤 한 파출소에서 나온 사람인가 그 사람이 안다고. 어떤 또 막 끌고 다니다가 차 태우려 했는데 차가 만차야. 근데 어떤 학생 한 명은 태우고, 나하고 도언이 엄마는 안 태웠어요. 그 우리가 현관 앞에 있을 때 정보관 한 사람을 [알게 되었는데], 그때 커피도 주고 그랬거든요. 그분이 뒤에서 저기한테 얘기하는 거 같더라고, 둘은 냅두라고 그냥. 그래서 안 잡혀간 거예요. 안 그랬으면 경찰서로 잡혀갔지. 도언이 엄마랑 둘이 내려오는데 내가 막 욕을 했더니, 어떤 사복 입은 놈이 자식 죽으면 다 나처럼 안 한다는 거야. 그래서 내가 그랬지, "개새끼야, 너도 죽어보라고. 니 새끼 죽어보라"고 막. 도언이 엄마가 "언니 고만 잡혀가게 빨리 가자"고 그래 가지고 밑에 내려가서 합류했다가 우리가 새벽에 왔잖아요. 그때 캡사이신 뿌릴 때는 정말 걔네들 무지막지하게 뿌려대더만, 얼굴에도. 끌고 다닐 때도 개 끌듯이 끌고 다니고…. 우리 현관 앞에 있을 때도 낮에는 버스 위에 올라가서 피켓하고, 엄마들 많이 잡혀갔잖아요. 그래서(한숨), 참, 그러고 보니까 그게 이제, 그때 싸울 때는 막 악에 차가지고 싸우는데, 지금 싸우고 나서 보니까 우리가 너무 그냥 무식하게 들이댄 거야. 좀 전략도 없고, 지금[은] 뭔 전략을 세워가지고 [하는데, 그때] 우리는 무데뽀로 싸웠잖아. 그런 게 좀 많이 아쉽긴 해.

15

진상 규명에 대한 생각

면담자 　　체력적으로 힘들었던 때가 여러 번 있겠지만 아무래
도 도보 행진 때가 제일 힘드셨어요?

재강 엄마 　　힘들었죠. 처음에 한 5일씩 걸을 때, 그때가 제일 힘
들었죠. 첫날은 그래도 걸어요. 이튿날 되면 이제 막, 아침에 진짜
일어나기 힘들어요. (면담자 : 예, 몸이 천근만근이지) 그때 4, 5일이 제
일 힘들었죠. 그러고 나서 몸은 그렇게까지 힘들진 않았지.

면담자 　　앞으로 진상 규명에 대해서 어떻게 됐으면 좋겠다, 아
니면 어떻게 될 거 같다 예상하시거나 바라시거나 그러신 거는 있으
세요?

재강 엄마 　　예상은 뭐, 그런 거는 잘…, 뭐라 예상, 내가 예상한다
고 해서 그게 되지는 않을 거 같아요. 진상 규명은 좀 더 봐야 되지
않을까요. 지금 뭐 청문회 해도 시원한 답이 없잖아요. 속만 터지고
내려오잖아, 속만 상해갖고. 그니까 좀 더 지켜봐야 될 거 같아, 진
상 규명 쪽은. 바램[람]은 진상 규명이 잘됐으면 좋겠어요. 정말 왜
그렇게 했는지 밝혀졌으면 좋겠어요. (면담자 : 그게 아까 어머니 말씀
하셨지만 시간이…) 오래 걸리더라도, 시간이 오래 걸리더라도 꼭 밝
혀졌으면 좋겠어요. 밝혀야 되고 부모로서, 부모로서 당연히 밝혀야
되는 일이고….

면담자 　　제일 중요하다고 생각하시는 건 역시 그 시간 동안 왜

구조하지 않았는가 하는 거죠?

재강 엄마　왜 선원들만 데리고 나오고, 왜 아이들보고 가만있으라 하고…. 나오라 해지, 시간은 충분했거든요. 그리고 어선들 왔는데 왜 다 가라 했고…, 그런 거죠 뭐. 그런 게 제일 안타깝죠. 딱 보면, 그니까 청문회 갔을 때고 재판 갔을 때고 보면 거기서 속이 끓어오르는 거예요. 허, 저 시간이면 애들 다 나오는데, 그런 거 보는 자체가 속이 끓어오르는데…, 그래서 진상 규명을 해야 되겠죠. 해야 되고, 해야 된다고 생각해, 나는. 내가 뭐 지식적으로는 안 되더라도 몸으로라도 움직여서 해야지, 할 수 있는 데까지는.

16
재강이와의 약속

면담자　어머니, 지금 하고 계시는 활동 말고 다른 계획 뭐 있으세요? 뭘 배우시거나 아니면 아버님이나 ○○이하고 같이 계획하신다거나 그런 거?

재강 엄마　없어요. 그냥 공방에서 우리 하는 거 그냥 하고, ○○이랑 서로 뭐 계획은 없고, 음… 재강이랑 우리가 약속한 게 있었어요. ○○이 고등학교 졸업하면 우리 유럽 여행을 가기로 했었어요. 그래서 아이들이 각자 자기 돈을 모았어요. ○○이도 모으고 재강이도 모으고, 각자 자기 돈을 내고 가기로 했어요. 근데 물론 아이들 모은 거에 모자란 건 엄마가 보태지만, 나랑 셋이 유럽 여행 가기로 했었거든. 아빠도 우리가 간다 간다 하니까 자기도 가고 싶다는 거야. 아빠는 일을 해야 되잖아요. "그러면 당신은 한, 갔다가 우리랑 같이 출발해서 갔다가 먼저 들어오고, 우리 셋은 한 달 정도 유럽 여행을 하고 오겠다" 그랬더니 이제 그러자고. ○○이 고등학교 졸업할 때 그때 시기를 잡았었거든, 수능 보고 나서. 재강이랑 그 약속을 지켜주고 싶어요.

그냥 그 생각을 못 했었는데 얼마 전에 그 생각이 들더라고. 그냥 그럴 게 아니고 이제는 한 달 정도는 못 해요 솔직히, 재강이 없어서. ○○이랑 둘이 유럽 여행 한 달은 못 하고, 유럽까지도 못 갈 거예요. 그렇지만 뭐, '유럽 근처를 가든, 일주일이든 열흘이든 그 정도 재강이하고 했었, 한 약속은 그냥 조금은 지켜주고 싶다' 생각을 해요. 재강이가 내가 저번에 사이판 갔다 했잖아요. 나도 가고 싶다 그랬잖아요. 그래서 솔직히 재강이 가고 나니까 미안하더라고, "나중에 가. 너 돈 벌어서" 내가 그랬던 게 그게 좀 미안하더라고. 내가 옛날에 태국 갔을 때, 재강이는 방콕만 가봤거든요. 푸켓[푸껫]을 내가 안 데려가고, 푸켓은 우리만 갔었거든. 아빠 모임에서 부부 동반 갔는데, 방콕보다 푸켓이 더 좋더라고. 그래서 '애들 데리고 푸켓을 한번 와야 되겠다' 그 생각을 했었거든요. 애들 데리고 푸켓 가볼 만하더라고. 그래서 한번 와야 되겠다 했는데 이제 못 갔지, 안 갔지 뭐. 그래서 어디든 한번 재강이하고 한 약속이니까 갔다 와야 되지 않을까 하는 생각이에요.

나는 크게 배우고 이러진 않을 거고 음, 나중에 또 어떻게 생각이 바뀔지는 모르겠는데 지금 내 생각은 얼마 전에, 얼마 전이 아니지, 며칠 전에 아빠랑 둘이, ○○이가 시골 갔다 왔으니까, 둘이 잠깐 얘기했는데, 우리 부모들 이사도 많이 했잖아요. 아빠도 이사하고 싶어 해요. 근데 "아직은 내가 안 가고 싶다"고, "아직은 내가 여기를 이 집에서 나가면 재강이를 버리고 가는 느낌이 들어서 못 가겠다"고, "○○이 졸업할 때까지는 그냥 살자"고⋯. 그러면서 음, 지금 우리가 크게 움직이는 게 없으니까 엄마들이 하나씩 하나씩 일을 다니기 시작하시잖아요. 아빠한테 그랬어요, 올 연말까지 지켜보겠다고, 어떻게 어떤 방향으로 가든. 근데 일은 못 다닐 거 같아요. 어디에 소속돼서 가지도 못할 거 같고, 왜냐하면 어디 가야 된다 그러면 또 가야 되니까. "그냥 올 연말까지 그냥 분향소 이렇게 지금 나가듯이 움직이겠다"고, "이렇게 움직이고 또 나중에 와서 또 어떻게 되든 그때 봐서 그 계획에 맞춰서 가자"고, "살아가자"고. 아빠도 그러자고 그러면, 앞으로 막 미래를 우리는 본 게 아니고, 1년 보고, 1년은 지금처럼, 작년처럼 활동할 거예요 이렇게. 또 내년에 가서 그때 가서 그 상황에 맞춰서 그때그때 상황에 맞춰서 이렇게 해야죠, 할 거고.

면담자　　저하고 세 번 만나셨는데 말씀 잘하셔서 간담회 많이 다니시는 줄 알았어요(웃음).

재강 엄마　　아니, 간담회 안 다녀요.

면담자　　이번에 말씀 좀 해보시니까 자신감이 좀 생기셨어요?

재강 엄마　　일대일로 수다는 잘 떨어요. (면담자 : 간담회도 그렇게 그냥 생각하시고 하시면) 아니 근데 사람들 앞에 가서는, 많은 사람들

앞에 가서는 어후, 내가 뭔 얘기를 해야 돼. (면담자 : 무대공포증이 있
으신가?) 그런 게 아니구요, 내가 지식이 짧으니까, 어 내 생각은 이
렇게 막 방대하게 다 얘길 해줘야 되는데, 내가 아는 게 없으니까 그
사람들한테 가선 내가 뭔 얘길 해, 그 사람들도 다 알 텐데. 그러니
까 좀 그래, 그런 걸 [하는 건].

면담자   저는 간담회 한다고 하더라도 구체적인 사실이나 이
런 것들도 물론 궁금한 사람들이 있겠지만, 지금 어머니 저하고 얘
기하신 거처럼, 같이 얘기를 듣고 싶고 그냥 그런 마음 있는 사람들
도 많을 거 같아요.

재강 엄마   근데 내 마음이, 나는 그렇게 생각을 안 했다니까요.
그래서 그냥 지금은 가보는 거예요, 따라가 보는 거예요. 간을 보러,
간을 보러 따라가 보는 거예요.

면담자   말씀하시는 동안 힘드시진 않으셨어요?

재강 엄마   네. 괜찮아요.

17
아이를 먼저 보낸 후 배움

면담자   고맙습니다, 어머니. 저는 어머니 봬서 얘길 들으니까
제가 사는 것도 많이 생각하게 되고, 사실은 4·16 이후에 어떻게 살
까 하는 생각이 많이 달라지더라구요. 어머니들 직접 봬서 얘기 듣

고 보니까, 저는 그래서 지금 많이 배운다는 생각도 들어요.

재강 엄마   우리도 그렇죠. 우리도 이렇게 지금 활동하면서 많은 걸 배우고 느끼고 하고 가는 거죠, 우리 부모들도. 저 같은 경우도 엄청 많이 배우고 느낀 거 같아. 정말, 이게 참 뭣한 얘긴데, 자식 보내고 엄마들이 정말 많이 배웠어요. 이렇게 배우기 힘, 이렇게 배울 일이 없지만, 없었을 거예요. 근데 아이들을, 내 아이를 보내고 나서 정말 많이 배운 거 같아, 세상을 살아가는 삶, 뭐, 인생을, 인생 설계도를 그린 거는 아니고, 그치만 이제 어떻다는 걸 많이 배운걸.

면담자   그래서 같이 싸우신다고 생각하시고 많이 힘내셨으면 좋겠어요.

재강 엄마   고맙죠. 우리가 같이 가준다면 고맙죠, 우리가 정말.

면담자   기억저장소 이 사업하면서도 공부하는 사람들도 계속 해서 참여하자고 많이 그러거든요. 그래서 '많은 사람들이 같이하고 있다' 그런 생각을 부모님들도 하시면 좋을 거 같아요.

재강 엄마   저희들도 그렇게 하면 많이 좀 서로가, 또 이렇게 이 렇게 하다 보면 알려지고 그렇게 되니까 이렇게 해야 어, 진상 규명이 되지 않을까…. (면담자 : 네, 맞아요) 생각이 서로가 바뀌잖아요. 여기 와서 보면 생각이 바뀌잖아요. 그래서 제 생각은, 광주는 30년 걸렸잖아요, 그때는 솔직히 지금만큼 우리는 이렇게 안 했잖아요. 그래서 '우리는 조금 빠르지 않을까, 10년 정도는 빠르지 않을까', '우리는 20년이면 되지 않을까', 제 희망 사항이에요, 희망 사항이에요. '30년은 안 가지 않을까' 그 생각…. 그때 그분들은 정말 우리보다 안 좋았잖아요. 우리 지금은 알리기도 하고 그때는 시민분들도 없었을 거예요, 우리처럼. 우리는 함께하겠다고 다짐하시는 분들 엄청 많잖아요. 그래서 이렇게 알려나가는 거고…, '20년 정도면 되지 않을까'.

면담자　그럼 이제부터 20년에서 좀 줄이기 위한 노력을 해보는 걸로 해요, 어머니.

재강 엄마　줄여지면 좋죠. 진상 규명이 돼야 돼. 되면 좋겠어요, 돼야 되고. 그래야 우리 아이들이 덜 억울하고, 내가 다음에 재강이를 만났을 때, 음, 엄마가 걔를 만났을 때 덜 미안하죠. 내가 그래도 "니한테 너를 못 지켜줘서 미안한데, 정말 엄마가 미안한데"(울음), 그래도 이렇게 움직여서 진상 규명이라도 해줘야 걔를 내가 만나더라도… 조금, 쪼끔은 걔를 만났을 때 음, 덜 미안할 거 같애요. 그래서 그 아이를 만났을 때 내가 "엄마 이렇게 했어" 하고 떳떳하게 말할 수 있어야 될 거라고 생각해요 내가. 그래서 진상 규명은 될 때까지, 내 몸이 아프지 않는 이상 그냥 될 때까지는 해야 된다고 생각해요, 나는.

면담자　(울먹이며) 아고…, 촬영 녹음은 이걸로 마치도록 하겠습니다. 오늘 2016년 1월 6일이었고요, 안산시 단원구 글로벌다문화센터에서 진행했습니다. 어머님, 너무 감사드려요.

4·16구술증언록 단원고 2학년 7반 제2권

그날을 말하다 재강 엄마 양옥자

ⓒ 4·16기억저장소, 2020

기획 편집 4·16기억저장소 ㅣ **지원 협조** (사)4·16세월호참사가족협의회
펴낸이 김종수 ㅣ **펴낸곳** 한울엠플러스(주)
초판 1쇄 인쇄 2020년 4월 1일 ㅣ **초판 1쇄 발행** 2020년 4월 16일
주소 10881 경기도 파주시 광인사길 153 한울시소빌딩 3층
전화 031-955-0655 ㅣ **팩스** 031-955-0656 ㅣ **홈페이지** www.hanulmplus.kr
등록번호 제406-2015-000143호

Printed in Korea.
ISBN 978-89-460-6763-9 04300
　　　　978-89-460-6801-8 (세트)
* 책값은 겉표지에 표시되어 있습니다.